U0896507

2021年度国家社会科学基金西部项目
“多层次养老保险与老龄金融市场联动发展的路径优化研究”（21XJY008）

ZHUQUAN YANGLAO
JIJIN TOUZI GUANLI YANJIU
— JIYU GUOJI BIJIAO
DE SHIJIAO

主权养老基金投资管理研究
——基于国际比较的视角

张力　陈加旭　著

四川大學出版社
SICHUAN UNIVERSITY PRESS

项目策划：梁　平
责任编辑：梁　平
责任校对：杨　果
封面设计：璞信文化
责任印制：王　炜

图书在版编目（CIP）数据

主权养老基金投资管理研究 ：基于国际比较的视角 / 张力，陈加旭著. — 成都 : 四川大学出版社，2021.12

ISBN 978-7-5690-5232-9

Ⅰ. ①主… Ⅱ. ①张… ②陈… Ⅲ. ①养老保险基金－投资管理 Ⅳ. ①F830.593

中国版本图书馆 CIP 数据核字（2021）第 256793 号

书名　主权养老基金投资管理研究——基于国际比较的视角

著　　者	张　力　陈加旭
出　　版	四川大学出版社
地　　址	成都市一环路南一段 24 号（610065）
发　　行	四川大学出版社
书　　号	ISBN 978-7-5690-5232-9
印前制作	四川胜翔数码印务设计有限公司
印　　刷	四川盛图彩色印刷有限公司
成品尺寸	170mm×240mm
印　　张	12
字　　数	228 千字
版　　次	2022 年 1 月第 1 版
印　　次	2022 年 1 月第 1 次印刷
定　　价	68.00 元

◆ 读者邮购本书，请与本社发行科联系。
电话：(028)85408408/(028)85401670/
(028)86408023　邮政编码：610065
◆ 本社图书如有印装质量问题，请寄回出版社调换。
◆ 网址：http://press.scu.edu.cn

四川大学出版社
微信公众号

前　言

四十多年来持续而深入的养老金制度改革全面影响了社会养老保险制度的形态与结构。多支柱养老保障体系成为各国进行结构式改革的主要内容。然而，从现收现付制向积累制的转变并不能自动解决老龄化的问题，未来养老金对整个社会资源占用的增加促使各国纷纷建立公共储备基金以应对老龄化高峰时期严重的财政压力。在公共养老储备基金中，主权养老基金因其在资金来源、投资期限、负债要求等方面的独特性质形成了鲜明的投资管理特色。长期目标的追求、积极的资产管理、广泛的国际投资、先进的管理模式都为各类养老基金投资管理提供了重要的经验。目前，将主权养老基金作为独立和整体的研究对象进行全面而系统的分析仍然少见于国内外现有文献中。主权养老基金在投资理念、管理模式、投资方式、投资策略等方面与其他公共养老储备基金和主权财富基金有何不同？其内外部驱动因素有哪些？全球各主权养老基金之间在投资管理上有哪些共性和差异？这些共性和差异的影响因素有哪些？主权养老基金是如何进行有效的投资管理获得高额的投资回报的？这些问题均缺乏系统而深入的讨论。因此，本书从上述问题出发，将主权养老基金作为一个独立研究对象，分析和比较其投资管理过程的主要内容，同时结合中国养老基金投资管理过程中的主要问题，探讨适合中国国情的科学的养老基金投资管理理论与方法。

本书的研究价值和意义可能体现为以下几方面：第一，突破现有国际比较研究框架，将投资管理过程和内容作为比较的基础对各个基金进行全面分析，从而丰富现有研究层次；第二，将主权养老基金作为独立研究对象，全面总结主权养老基金投资管理的相关理论基础，以丰富现有养老基金投资管理理论；第三，采取定性比较和定量比较相结合的分析手段，更有助于清晰地把握影响主权养老基金投资策略、管理体制、投资绩效的关键因素，从而厘清在不同时空背景下养老基金长期投资的基本思路；第四，采用跨学科的研究思路，运用经济学、政治学、管理学等多学科知识和方法研究基金的投资管理活动，有助于突破单一学科的限制，更准确地把握和解释主权养老基金投资管理中的各种现象和问题。

基于以上目标和内容，本书的研究主要由 8 章组成，各章的主要研究内容和观点如下：

第 1 章概论。本章对国内外前期相关研究进行梳理和简要评述，分析了现有国内外研究的不足，并指出本研究的价值和意义所在。本章还阐述了本书研究的基本思路、总体框架和主要研究方法。最后提出本书的主要创新点和有待进一步研究之处。

第 2 章主权养老基金的概念辨析与理论基础。本章首先对本书的研究主题——主权养老基金进行了概念上的辨析，比较了主权养老基金与其他主权财富基金和公共养老储备基金之间的异同。其次，基于主权养老基金的独特性质，突破一般性的基金投资管理理论，对主权养老基金的投资管理相关理论以及最新研究成果进行了较为全面的阐述和分析。

第 3 章主权养老基金的成立动因和发展历程分析。本章首先分析了各国主权养老基金建立的动因，通过定性分析和定量分析回答了为什么一些国家建立了主权养老基金而另一些国家没有这一问题。分析结果表明，老龄化是建立主权养老基金的重要动因，同时，由于人均 GDP 与各国的老龄化水平高度相关，因此可以认为一国的富裕程度也与主权养老基金成立的可能性呈正相关。同样，社会发展的成熟度影响社会对老年生活的认知和老年生活需求，在相对成熟的社会中更关注老龄化带来的影响。主权养老基金的设立也与一国经济实力高度相关，长期的外汇积累和国内过高的储蓄率是一些发展中国家设立非缴费型主权养老基金的重要原因。其次，本章还展示和分析了目前存续的海外主权养老基金的成立与发展历程，认为完善的法律体系是基金健康发展的重要保证。

第 4 章主权养老基金治理结构研究。本章首先根据主权养老基金的基本性质，对基金治理结构的一般性准则进行了讨论，认为独立的决策机构、专业的董事会成员、明晰的权责分工、明确的绩效评估和风险管理政策、严格的信息披露制度是一个治理完善而良好的主权养老基金应具备的基本要素。其次，本章对各主权养老基金的内外部治理结构进行了分析和比较，总结了目前主权养老基金治理结构的主要特点。再次，根据圣地亚哥原则对各基金的治理完善度和透明度进行了评价，并从定量分析角度对基金治理结构的宏观影响因素进行了分析。最后，运用数据包络模型对基金治理完善度、管理成本和投资绩效的关系进行了效率分析。

第 5 章主权养老基金资产配置研究。本章首先根据审慎监管和数量监管两种不同模式对各基金的长期战略资产配置和投资基准进行了分析，总结了两种模式下基金投资政策的不同表现。其次，分别从大类资产配置、投资区域分布和投资行业分布对基金的实际投资组合进行了比较研究，发现多元化多行业配置是主权养老基金资产配置的共同特征，但在大类资产配置和投资区域上各个基金呈现出不同特征；同时还分析了基金在不同宏观经济环境下的动态资产配置策略。再次，对基金的动态资产配置策略进行了分别考察。研究结论显示，不同的主权养老基金进行动态资产配置策略具有差异性。挪威政府全球养老基金（Government Pension Fund Global，GPFG）和澳大利亚未来基金（Future Fund，FF）具有典型的低买高卖特征，而新西兰超级年金基金（New Zealand Superannuation Fund，NZSF）追涨杀跌的特征较为明显。

第 6 章主权养老基金社会责任投资研究。本章首先分析了欧美国家主权养老基金积极践行社会责任投资的原因，认为长期回报的内在要求、风险管理动机、道德授权和低成本追求是积极社会责任投资的主要原因。其次，全面比较了各基金社会责任投资的策略。分析结果表明，不同基金社会责任投资策略的重点有所不同，挪威 GPFG 将重点放在了排除策略上，而新西兰 NZSF、法国养老储备基金（Fonds de Reserve pour les Retraites，FRR）、澳大利亚未来基金（Future Fund，FF）则将环境、社会和公司治理（ESG）因素整合到其投资管理框架之中。再次，对主权养老基金社会责任投资的社会绩效和经济绩效进行了定性和定量分析。结果显示，无论是在社会绩效还是在经济绩效方面，社会责任投资都优于传统投资。

第 7 章主权养老基金投资绩效研究。本章首先对主权养老基金的投资回报率进行了比较分析，包括名义回报率比较，实际回报和超额回报分析，基于夏普比率、Jensen 指数、M^2 度量的风险调整后的收益率指标分析，并基于各指标对基金业绩进行了排名。其次，运用布林森（Brinson）业绩分解模型对基金投资绩效进行了业绩归因分析，发现不同养老基金的投资绩效来源有所不用，挪威 GPFG、新西兰 NZSF 等基金的投资绩效源于基准配置和主动管理，存在超额收益；而智利 PRF 则主要来源于投资基准，被动投资效果较为明显。最后，本章运用综合模糊评价法，选取基金的收益水平、基金的风险水平、投资管理人的资产管理能力、治理结构、社会责任投资能力等指标衡量了主权养老基金的综合绩效水平。

第 8 章基于国际比较的中国 NSSF 投资管理策略优化建议。本章基于前面各章的比较分析和中国全国社会保障基金（National Council for Social Security Fund，NSSF）存在的主要问题，提出了一些针对性的政策建议。主要建议为：完善法律体系，提升基金的独立性；分离决策职责与执行职责，改革人事薪酬制度，明确基金封闭期和支付期，优化内外部监管体制；优化战略资产配置，设置投资基准，提高海外投资比例；积极践行社会责任投资原则等。

本书在现有研究的基础上，通过理论分析和经验研究两个方面对主权养老基金的投资策略与表现以及导致养老基金投资管理活动差异的主要原因进行了深入研究，其可能的贡献和创新之处有：

（1）通过定性与定量分析相结合的研究方法探讨了主权养老基金设立的动因，找出了影响一国设立主权养老基金的若干重要因素。

（2）基于主权养老基金的独特性质和特点提出了主权养老基金治理结构中应遵循的一般性准则。对各主权养老基金的内外部治理实践进行了全面的比较分析，结合相关国际准则和效率分析模型对各主权养老基金的治理完善度、治理效率进行了评价研究。

（3）全面比较与分析了主权养老基金资产配置策略，总结了主权养老基金资产配置策略的共性与差异。结合动态资产配置理论，运用定量分析方法对主权养老基金动态资产配置行为进行了分析与比较，得到了与以往研究不同的结论。

（4）将社会责任投资作为主权养老基金投资管理主要内容进行探讨。社会责任投资是现阶段主权养老基金投资管理的重要趋势，也是主权养老基金作为长期性投资基金的内在要求。现有国内研究主要重视主权养老基金的资产配置、治理结构、投资绩效等，较少对其社会责任投资进行分析。我国全国社会保障基金虽然在投资理念上强调社会责任，但实践相对缺乏。本书通过对国外主权养老基金社会责任投资理念和策略的分析可为我国主权养老基金社会责任投资实践提供重要的经验借鉴。

目　录

第 1 章　概论

1.1　问题的提出

人口老龄化深刻影响着当今世界。无论制度形式如何，现代养老金制度都最终体现为国家承诺。为养老而储蓄不仅体现在个人层面和养老金制度改革层面，也伴随着积极的国家行动。四十多年来，各国通过不断构建多支柱养老金体系、扩大养老基金积累规模等结构式和参量式改革以促进养老金制度的可持续发展。但不论是哪一类型的制度改革都无法完全应对老龄化高峰时期的需求，因为养老金水平是以相对替代率作为衡量标准的，而非绝对不变的货币支付额。老龄化程度的加深意味着养老金对整个社会资源占有的不断增加。面对老龄化高峰时期巨大的政府财政压力，一些国家开始提前为未来的养老积累资源，公共养老储备基金应运而生①。21 世纪以来，公共养老储备基金（Public Pension Reserve Funds）正在成为国际金融市场的主要参与者。到 2018 年，公共养老储备基金的资产总额已超过 6.5 万亿美元②。在公共养老储备基金大家族中，有一类基金与其他储备基金有着截然不同的性质。这类基金的资金并非来源于缴费，而是来源于国家财政或资源收入，具有典型的主权或国家资本特征。另外，这类基金大多没有明确的当期支付要求，是一种更纯粹的储备基金。基于上述两方面特征，该类基金在投资管理策略上与其他公共养老储备基

① 全球主要的公共养老储备基金包括：阿根廷可持续担保基金、澳大利亚未来基金、比利时银基金、丹麦 ATP 养老基金、加拿大养老金计划、智利养老储备基金、中国全国社会保障基金、芬兰养老基金、法国养老储备基金、德国可持续发展基金、印度员工公积金组织、日本年金积立金、韩国国家养老基金、卢森堡养老储备基金、新西兰超级年金基金、波兰人口储备基金、葡萄牙社会保障金融稳定基金、俄罗斯国家福利基金、泰国政府养老基金、西班牙社会保障基金、瑞典国民养老基金、英国国家保险基金、美国社会保障信托基金等。

② 数据来源：根据经济合作与发展组织（OECD）的公开数据整理而得。

金有着较大的区别。一些国际组织（如 OECD、ISSA[①]）将这类基金称为主权养老储备基金（Sovereign Pension Reserve Funds）。本书根据中文理解习惯，结合国内前期研究，将其简称为主权养老基金（Sovereign Pension Funds，SPFs）。相较于其他公共养老储备基金，主权养老基金的长期性目标更明确，投资策略更激进，投资手段更先进，投资管理更趋于专业化。

我国于 2000 年成立的全国社会保障基金（NSSF）属于典型的主权养老基金。全国社会保障基金的资金主要来源于国家财政和国有股减持收入，投资管理上独立于整个社会保障体系，基金的主要目标是弥补人口老龄化高峰时期的养老保障需要。在近二十年的发展过程中，全国社会保障基金的基金规模稳步增长、管理体制和治理结构不断完善、投资收益率逐步提高。全国社会保障基金理事会已成为国内最先进的机构投资者之一（郑秉文，2018）[②]。但与国外其他主权养老基金相比，中国 NSSF 在资金来源稳定性、管理能力、治理结构和投资理念上仍有较大差距。此外，我国基本养老保险积累基金、企业年金基金也在积极地进行市场化投资的探索与实践，投资管理中仍然存在诸多不尽如人意之处。全面总结国外先进投资管理体制，深入分析实践中的经验教训，探索适合中国国情的科学的养老金管理方法和策略对提升我国养老基金的投资管理能力至关重要。因此，本书将通过对全球主权养老基金投资管理制度与过程的比较分析，厘清“谁在管理、如何投资、怎么监督”等基本问题，总结其投资管理的基本特征和经验教训，为推进包括全国社会保障基金在内的我国养老基金投资运营改革和养老基金投资安全长效机制提供理论与实践支持。

1.2 国内外研究现状评述

2007 年 OECD 首次提出主权养老基金概念，随后郑秉文教授于 2008 年将此概念引入国内。虽然提出时间较晚，但关于主权养老基金的研究则伴随着各基金的成立与发展而不断深入。单独以主权养老基金为题的文献较少，现有研究散见于养老基金和主权财富基金的研究中。限于篇幅，本节主要梳理与主权养老基金高度相关的重要文献，并通过现有研究的内容与不足确定具体研究思

① ISSA（International Social Security Association）即国际社会保障协会。

② 郑秉文. 养老金发展报告（2018）：主权养老基金的功能与发展［M］. 北京：经济管理出版社，2018：81-86.

路与框架。

1.2.1 国外前期研究及主要观点

1. 主权养老基金的成立动机及影响因素

Gordon L. Clark，Ashby H. B. Monk（2010）指出，在人口老龄化和民族国家财政压力加剧的时代，养老储备基金被认为是实现未来负债和代际之间平衡的有效投资工具。政府建立养老储备基金在某种程度上是为重新定义当代和后代之间的利益平衡而撰写的一份社会契约①。Raffaele Della Croce（2011）认为建立充足的预先储备可以帮助政府更有效地应对人口老龄化带来的财政压力，虽然预先储备不会抵消抚养比上升而导致的国内增长率下降，但有助于解决人口冲击的某些问题，特别是可以促进税收平滑，维持养老金体系相对恒定的缴费率。另外，养老储备基金可以实现一些重要的宏观经济目标，如提高国民储蓄，改善政府债务状况；能够通过多样化的国际投资获得回报，从而提高国家福利，促进金融市场发展。在金融体系不发达的国家，储备基金可以通过改善生产活动的融资渠道来促进经济增长。储备基金作为机构投资者能够提高市场流动性，其高效性和透明度可以帮助改善市场的运行，并刺激金融创新②。Aizenman Joshua，Glick Reuven（2008）发现燃料出口和持续的经常账户盈余以及大量的国际储备是促进主权财富基金增长的主要力量③。Jeffrey Chwieroth（2012）也持有相同观点，并认为，当一国建立主权财富基金后，具有相同特征的一些国家也会进行模仿和跟随④。Charlie Berger，Anne Lavigne（2007）认为，法国政府设立主权养老基金（FRR）的主要目的是应对未来十年内预期的金融不可持续性。同时，通过压力测试分析了基金对养老金支付的满足能力，并指出规模可能达不到政府之前的预期，金融市场的严重

① GORDON L C，ASHBY H B M. The Norwegian government pension fund：ethics over efficiency [J]. Rotman international journal of pension management，2010，3（1）：14−19.

② RAFFAELE D C. Pension funds investment in infrastructure：policy actions[EB/OL].（2011−09−08）[2020−10−08]. https://dx. doi. org/10. 1787/5kg272f9bnmx−en. DOI：10. 1787/5kg272f9bnmx−en.

③ AIZENMAN J，GLICK R. Sovereign wealth funds：stylized facts about their determinants and governance[EB/OL].（2008−12−01）[2020−10−08]. https://escholarship. org/content/qt1fj4b203/qt1fj4b203. pdf.

④ JEFFREY C. Fashions and fads in finance：contingent emulation and the political economy of sovereign wealth fund creation[EB/OL].（2012−08−31）[2020−10−08]. http://aei. pitt. edu/39281/1/pw_131. pdf.

冲击可能会严重影响主权养老基金在2045年以后的资金状况①。Christine Trampusch（2017）认为新西兰超级年金基金的建立是以国家为中心的典型案例，是政策制定者将基金作为更广泛的财政、经济和金融政策工具的结果②。

2. 资产配置与投资策略

Peter Kunzel，Yinqiu Lu，Iva Petrova 等（2011）对金融危机后主权财富基金战略资产配置的变化进行了分析，认为主权财富基金的投资目标在一定程度上反映了其固有特征，但即使类型相同的主权财富基金的战略资产配置仍存在显著差异③。Zvi Bodie 等（2014）将主权基金管理界定为一个资产负债管理问题。从未定权益理论的角度探讨包括主权养老基金在内的主权财富基金的管理问题。现实中的主权财富基金资产配置与理论上的资产配置有很大不同。由于缺乏数据汇总，主权财富管理与财政政策、货币政策和公共债务管理之间的协调存在制度性障碍④。Hilde W. Nagell（2011）以挪威 GPFG 为例考察了主权养老基金作为投资者的责任，包括投资者有责任采取措施降低由投资带来的直接或间接损害的风险（避免共谋），投资者的投资决策具有重要的象征和信号效应⑤。Alessio Ciarlone，Valeria Miceli（2016）从宏观层面探讨了主权财富基金投资活动的决定因素，并发现主权财富基金更倾向投资于经济发展程度较高、金融市场规模较大、流动性较强、在保护机构合法权利方面更有效、宏观经济环境较稳定的国家。与其他机构投资者不同的是，主权财富基金在金融危机中采取了一种“反向”投资行为，即增加在各国的收购。这一收购活动所产生的资本流动最终可能在金融动荡期间对当地市场起到稳定作用，保护目标

---

① CHARLIE B，ANNE L. A model of the French pension reserve fund：what could be the optimal contribution path rate? [J]. Journal of pension economics and finance，2007，6（3）：233－250.

② CHRISTINE T. A state－centred explanation of the finance－pension nexus：New Zealand's pension reforms as a typical case [J]. Social policy and administration，2017，52（1）：343－364.

③ PETER K，YINQIU L，IVA P，et al. Investment objectives of sovereign wealth funds－A shifting paradigm[EB/OL].（2011－01－1）[2020－10－08]. https://www.doc88.com/p-370887880332.html?r=1.

④ ZVI B，MARIE B. Optimal asset allocation for sovereign wealth funds：theory and practice [J]. Bankers，markets and investors，2014，128：49－54.

⑤ HILDE W N. Investor responsibility and Norway's government pension fund－global [J]. Nordic journal of applied ethics，2011，5（1）：79－96.

国家免受外国冲击，而不是在全球传播这些冲击①。David Iverson，Renato Staub（2013）分析了新西兰 NZSF 如何通过其战略倾斜计划来分配风险资本，并认为，对风险分配采取纪律严明的办法是成功执行主权养老基金投资战略和实现其目标的基石。风险分配方法的三个关键要素是支持性投资理念、强有力的治理和严格使用主动风险工具（ART）②。Amar J.，Candelon B.，Lecourt C. 等（2016）提出，主权财富基金海外投资的驱动因素来自国家层面，并且带有强烈的投资惯性，即一旦开始投资于一个国家则会在未来几年中继续在这个国家投资③。

3. 治理结构

Gordon L. Clark，Ashby H. B. Monk（2010）专门考察了加拿大养老金计划（Canada Pension Plan，CPP）、澳大利亚 FF、爱尔兰 NPRF 和新西兰 NZSF 四个养老储备基金的治理结构，提出了针对公共养老储备基金的一套治理原则和政策。他们认为，建立一个正式结构阻止不良干预是养老储备基金治理的首要目标，这有利于消除短期机会主义和行政制度僵化④。Stella Tsani（2015）运用分位数回归估计技术，对主权养老基金资源配置、治理与制度质量之间的关系进行了研究，从而得出治理和机构质量变量与基金投资绩效呈正相关关系⑤。Gordon L. Clark，Roger Urwin（2008）认为“治理”是任何机构职能绩效的一个基本要素，制度结构并不是业绩的唯一决定因素，即使是“理想”的制度如果治理不善也会失败⑥。Manuel Ammann，Christian

---

① ALESSIO C，VALERIA M. Escaping financial crises? Macro evidence from sovereign wealth fund’s investment behavior [J/OL]. Emerging markets review，2016，27（6）：169－196[2020－10－09]. https://sci－hub. fallingwaterdesignbuild. com/10. 1016/j. ememar. 2016. 05. 004. DOI：10. 1016/j. ememar. 2016. 05. 004.

② DAVID I，RENATO S. Allocating risk capital：the case of New Zealand superannuation fund [J]. Rotman international journal of pension management，2013，6（2）：66－74.

③ AMAR J，CANDELON B，LECOURT C，et al. Country factors and investment decision－making process of sovereign wealth funds [J/OL]. Economic modelling，2018，4（2）：1－15[2020－10－09]. https://sci－hub. fallingwaterdesignbuild. com/10. 1016/j. econmod. 2018. 04. 008. DOI：10. 1016/j. econmod. 2018. 04. 008.

④ GORDON L C，ASHBY H B M. The Norwegian government pension fund：ethics over efficiency [J]. Rotman international journal of pension management，2010，3（1）：14－19.

⑤ STELLA T. On the relationship between resource funds，governance and institutions：evidence from quantile regression analysis [J]. Resources policy，2015，44（3）：94－115.

⑥ GORDON L C，ROGER U. Best－practice pension fund governance [J]. Asset management，2008，9（1）：2－21.

Ehmann（2017）探讨了公司治理与投资绩效之间的关系以及瑞士养老基金的资产配置。实证结果表明养老基金治理与超额收益、夏普比率、基准超额业绩之间成正相关关系。资产配置决策与治理无关，而是由管理体制决定的[①]。

4. 社会责任投资

Gordon L. Clark，Ashby H. B. Monk（2010）认为挪威 GPFG 将长期投资与道德承诺相结合，确保基金不与对全球社会和环境正义构成风险的公司有关联[②]。Trude Myklebust（2010）进一步阐述了进行符合道德标准的投资是保证挪威 GPFG 合法性的重要手段，但将一些公司排除在投资范围之外可能对基金效率产生一定影响[③]。Mohamed A. Ayadi，Zouhour Ben Ghazi，Habib Chabchoub（2015）认为，融入了社会、环境和道德的社会责任投资在过去 20 年中经历了显著增长，并基于数据包络分析对部分共同基金和主权养老基金社会责任投资绩效进行了考察，指出基金规模是导致基金责任投资效率低下的原因之一[④]。Andreas Hoepner，Lisa Schopohl（2016）探讨了瑞典 AP1 和挪威 GPFG 将投资组合转向具有更强企业社会责任（CSR）公司的潜在驱动因素，发现将投资组合倾斜到企业社会责任得分较高的公司的基金，其回报率略高于其他基金[⑤]。Mansi Jain，Gagan Deep Sharma，Mrinalini Srivastava（2019）运用 Granger 因果关系模型、自回归条件异方差模型，分析了股票市场与可持续发展指数之间的关系，并运用 Johansen 协整检验和向量误差修正模型检验了股票市场与传统指数之间的波动溢出效应。结果表明，可持续发展指标与传统指标相比，绩效差异不显著，可以很好地替代传统指标[⑥]。

---

① MANUEL A，CHRISTIAN E. Is governance related to investment performance and asset allocation? Empirical evidence from Swiss pension funds [J]. Swiss society of economics and statistics，2017，153 (3)：293－339.

② GORDON L C，ASHBY H B M. The legitimacy and governance of Norway's sovereign wealth fund：the ethics of global investment [J]. Environment and planning A，2010，42 (7)：1723－1738.

③ TRUDE M. The Norwegian government pension fund：moving forward on responsible investing and governance [J]. Rotman international journal of pension management，2010，3 (1)：145－149.

④ MOHAMED A A，ZOUHOUR B G，HABIB C. Canadian socially responsible investment mutual funds performance evaluation using data envelopment analysis [J]，Springer international publishing，2015：77－135.

⑤ ANDREAS H，LISA S. On the price of morals in markets：an empirical study of the Swedish AP－funds and the Norwegian government pension fund [J]. Journal of business ethics，2016，151 (3)：665－692.

⑥ MANSI J，GAGAN D S，MRINALINI S. Can sustainable investment yield better financial returns：a comparative study of ESG Indices and MSCI Indices [J]. Risks，2019，7 (1)：1－18.

5. 绩效评估与投资影响

Magnus Dahlquist，Bernt Arne Odegaard（2018）结合投资回报率对挪威 GPFG 的主动管理进行了评价。挪威 GPFG 在扣除成本后的主动回报率（实际收益率与基准收益率之间的差值）为每年 0.20%，而这主要得益于对优秀外部经理人的选择而非市场择时[①]。Marc Goergen，Noel O'Sullivan，Geoffrey Wood 等（2018）考察了挪威 GPFG 投资对英国就业的影响，发现 GPFG 所投资的公司减少对劳动力需求的可能性显著降低，尤其是在 2008 年金融危机之后[②]。Chovancova B.，Hudcovsky J.，Kotaskova A.（2019）以 OECD 的养老金统计为基础，研究了股票与债券市场和养老基金的关系，研究结果表明，债券市场对养老基金业绩的影响更大[③]。

1.2.2 国内前期研究及主要观点

国内研究主要从养老基金和主权财富基金两个视角对主权养老基金进行了探讨。

1. 视为养老基金的研究

2005 年，全国社会保障基金理事会理事长的项怀诚主编的《养老储备基金管理：国际经验与中国实践》出版，成为我国第一本全面介绍国外公共养老储备基金的专著。书中详细介绍了爱尔兰、挪威、新西兰、法国、瑞典、日本等国在投资管理方面的制度与经验[④]。目前的研究成果主要来自中国社科院世界社保研究中心和西南财经大学社会保障研究中心。

中国社科院社保研究中心主任郑秉文教授（2008）根据 OECD 的相关定义，首先将主权养老基金的概念引入国内，并对其内涵外延进行了重新界

① MAGNUS D, BERNT A O. A review of Norges bank's active management of the government pension fund global [J]. Swedish house of finance research paper, 2018 (18): 7.

② MARC G, NOEL O, GEOFFREY W, et al. Sovereign wealth funds, productivity and people: the impact of Norwegian government pension fund－global investments in the United Kingdom [J]. Human resource management journal, 2018, 28 (2): 288－303.

③ CHOVANCOVA B, HUDCOVSKY J, KOTASKOVA A. The impact of stocks and bonds on pension fund performance [J]. Journal of competitiveness, 2019, 11 (2), 22－35.

④ 项怀诚. 养老储备基金管理：国际经验与中国实践 [M]. 北京：中国财经出版社，2005.

定[①]。房连泉（2008）提出创建主权养老基金已经成为全球社会保障改革的趋势和潮流，并分析了智利 PRF 在投资管理中的特点，包括完全的境外投资、稳健的投资策略、随着投资经验日益丰富而不断扩宽投资渠道[②]。王文灵（2007）通过对公共养老储备基金融资政策的研究，认为缺乏稳定的资金来源不利于全国社会保障基金发挥战略储备基金的作用，应完善相关的法律，明确资金的性质、支出范围以及每年的划入数额[③]。高铮（2014）对 9 只主权养老基金的资金来源和资产配置进行了比较，并提出了完善我国主权养老基金的具体思路[④]。张盈华（2019）通过对挪威 GPFG、澳大利亚 FF、加拿大 CPP 在管理体制、投资政策等方面的比较，认为我国主权养老基金存在着投资区域狭窄、投资限制过严、短期性倾向明显等问题。其主要原因是投资管理体制的制约，并认为需要从管理体制和风险政策上加以突破[⑤]。齐传钧（2019）基于剩余索取权人利益最大化角度对主权养老基金的治理难题进行了剖析，认为保证基金的独立性是主权养老基金治理的核心问题，同时信息披露制度、独立中介机构、法律体系和舆论监督等外部治理机制也是基金治理的有效保障[⑥]。郑秉文（2018）对各主权养老基金的投资管理制度进行了较为详细的介绍[⑦]。

西南财经大学社会保障研究中心将本书涉及的各基金作为养老储备基金进行了分析。林义、张维龙（2008）比较了中国 NSSF 和爱尔兰 NPRF 在筹资模式、投资管理模式、资产配置等方面的异同，并提出了针对中国 NSSF 的优化思路[⑧]。王丽丽（2009）介绍了挪威、法国等具有代表性的公共养老储备基金在投资管理方面的具体做法，提出了在立足于整体，注重整体与部分、整体

① 郑秉文. 中国建立“主权养老基金”的急迫性及国际比较：应对“中国威胁论”与外汇储备二次分流的战略思考［J］. 国际经济评论，2008（2）：43－52.

② 房连泉. 建立国家主权养老基金：来自智利的经验启示［J］. 拉丁美洲研究，2008（5）：51－55.

③ 王文灵. 公共养老储备基金融资政策研究：国际经验及其启示［J］. 经济管理，2007（24）：62－66.

④ 高铮. 主权养老基金的国际经验及启示［J］. 中国财政，2014（17）：68－70.

⑤ 张盈华. 我国主权养老基金的发展、问题与建议：基于对资产配置的分析［J］. 社会保障研究，2019（2）：13－20.

⑥ 齐传钧. 主权养老基金治理难题探析：基于剩余索取权人利益最大化的视角［J］. 社会保障研究，2019（2）：21－29.

⑦ 郑秉文. 中国养老金发展报告（2018）：主权养老基金的功能与发展［M］. 北京：经济管理出版社，2018.

⑧ 林义，张维龙. 爱尔兰国民养老储备基金的经验［J］. 投资研究，2008（5）：114.

与外部环境之间的相互联系中进行投资管理策略设计的观点[①]。白璐（2016）对养老基金社会责任投资进行了进一步探讨，对我国养老基金可以采取的社会责任投资策略提出了可行性建议[②]。陈志国（2010）认为我国公共养老储备基金需要在立法、治理机制和风险控制等方面进行强化，并提出了针对性的建议[③]。唐艳、陈志国（2014）对挪威GPFG、法国FRR、爱尔兰NPRF、新西兰NZSF的资产配置情况进行了比较研究，并基于中国NSSF的实践提出了通过制定差异化的资产配置策略来实现不同阶段投资目标、注重责任投资导向和绿色投资功能等建议[④]。

除了上述两个研究中心外，其他研究者也对本书所涉及的主题进行了相关探讨。刘子兰（2005）通过比较中爱两国养老储备基金的管理结构和投资策略，认为中国和爱尔兰两国的养老储备基金均存在一定的政治风险，减少这一风险的有效途径是确保基金理事会的独立性[⑤]。唐俊（2010）在对南非政府雇员养老基金的投资经验进行分析和总结之后，认为稳健的投资战略和灵活的投资策略、分权化的投资管理、公司化的治理结构是该基金规模和投资收益出现正增长的主要原因[⑥]。熊军（2014）对外国养老储备基金的管理架构和特点进行了介绍和比较[⑦]。周志凯、孙守纪（2013）运用综合投资理论对公共养老储备基金的代理问题、投资理念、风险管理等方面进行了国别研究[⑧]。章晓英、庄桃李（2014）介绍了爱尔兰NPRF的投资管理经验，并针对我国全国社保基金管理提出了相关建议[⑨]。

---

① 王丽丽. 公共养老储备基金投资管理策略：国际比较与中国启示［D］. 成都：西南财经大学，2009.

② 白璐. 养老基金社会责任投资策略研究［D］. 成都：西南财经大学，2016.

③ 陈志国. 公共养老储备基金投资管理模式国际比较与中国改革建议［J］. 中国经济问题，2010，(2)：49－56.

④ 唐艳，陈志国. 公共养老储备基金资产配置比较研究与启示：基于挪威、法国、爱尔兰、新西兰四国公共养老储备基金比较分析［J］. 社会保障研究，2014（3）：105－112.

⑤ 刘子兰. 中爱两国国家养老储备基金管理制度比较研究［J］. 中国人口科学，2005（4）：32－39＋95.

⑥ 唐俊. 金融危机中的主权养老基金：困境与抉择——南非“政府雇员养老基金”的经验、启示与借鉴［J］. 江西财经大学学报，2010（1）：59－65.

⑦ 熊军. 养老基金投资管理［M］. 北京：经济科学出版社，2014：38－105.

⑧ 周志凯，孙守纪. 综合投资理论视角下公共养老储备基金投资管理的国际比较［J］. 江西财经大学学报，2013（2）：54－62.

⑨ 章晓英，庄桃李. 爱尔兰国家养老储备基金制度及其启示［J］. 重庆理工大学学报（社会科学版），2014，28（3）：32－36.

2. 视为主权财富基金的研究

高洁（2010）分析总结了挪威 GPFG 的投资模式和经验，认为挪威 GPFG 在注重治理机制改进、构建基金基准组合、进行全球资产配置、积极投资管理与指数化管理相结合等方面的经验值得中国中投公司借鉴①。叶楠（2015）分析了挪威 GPFG 在投资策略、透明度、资产配置和社会责任投资等方面面临的争议和成功经验②。刘盛（2014）对俄罗斯主权财富基金的实践结果进行了综合评价，认为俄罗斯主权财富基金在实际执行其功能时，已经偏离了最初的预定目标③。刘旋（2014）基于罗斯托“经济成长理论”和矩估计方法对主权财富基金的成立动因进行了分析④。吕玉婵（2017）利用面板回归对主权财富基金投资收益率的影响因素进行了讨论⑤。戴利研、杨孟霞（2018）重点分析了俄罗斯国家福利基金和稳定基金的投资标准、运营模式以及投资绩效，认为俄罗斯的两个主权财富基金在金融危机期间发挥了稳定社会和促进经济发展的重要作用，但大宗商品低迷的价格将限制两个基金的资金来源⑥。

1.2.3 现有研究述评

随着各主权养老基金持续的运作管理，以及国内外研究逐渐丰富和深入，对本书研究具有重要的参考价值。然而，主权养老基金在性质和投资目标上与其他养老储备基金和主权财富基金有着显著的不同，其投资管理独具特色。但目前国内外研究较少将主权养老基金作为一个独立研究主题进行探讨，要么将其纳入养老基金范畴，要么在主权财富基金范畴。基于此，本书将全球主权养老基金作为一个单独的研究对象，对其投资管理内容进行深入分析和比较。现有研究可以从几个方面进行优化：

第一，强化研究的全面性和系统性。现有国内外研究要么是单独分析某一个基金的投资管理内容，要么是对几个基金投资管理中的某一方面进行比较。而在主权养老基金的投资管理中各内容具有较强的逻辑性和相关性。例如，监

---

① 高洁．主权财富基金论［M］．北京：中国金融出版社，2010.

② 叶楠．新常态下主权财富基金的投资战略研究［M］．武汉：武汉大学出版社，2015.

③ 刘盛．俄罗斯主权财富基金：投资策略及其在应对金融危机中的角色［D］．上海：复旦大学，2014..

④ 刘旋．主权财富基金的驱动因素研究［D］．上海：复旦大学，2014.

⑤ 吕玉婵．主权财富基金投资收益影响因素分析［D］．南宁：广西大学，2017.

⑥ 戴利研，杨孟霞．俄罗斯主权财富基金：投资与社会绩效评价［J］．俄罗斯东欧中亚研究，2018（4）：91－107＋157－158.

管模式对基金的治理结构、资产配置有着重要影响，而基金的治理结构和资产配置又对基金的投资绩效显著相关。单独分析某一方面的内容难以对基金的整个投资管理活动进行全面而系统的把握。因此，本书将从这一角度，在现有研究的基础上，对主权养老基金的投资管理活动进行全面而系统的分析。

第二，突出投资管理活动的动态性。现有研究多关注于对基金某一时点的投资管理活动的分析与评价，较少把基金置身于一个长期的宏观经济中对其资产管理活动的动态变化进行考察。因此，本书在研究中更多关注基金投资管理内容的动态性和变化性，考察长期投资战略下基金在不同经济环境中的投资管理策略。

第三，力求提高理论性。毫无疑问，主权养老基金投资管理专注于实践，落脚点也在实践。现有研究也多从实践策略、投资效果等方面对主权养老基金进行研究，但对引导实践背后的理论基础鲜有讨论。本书的关注点不仅在于全面展示主权养老基金的投资管理活动，也将重点分析主权养老基金投资管理的基础理论，力图总结出符合主权养老基金投资管理的治理理论、资产配置理论、绩效评估理论、责任投资理论等，为我国养老基金的科学化投资管理提供理论支撑。

1.3　研究目标与研究思路

1.3.1　主要研究目标

基于总体目标，本书的主要研究目标为：

第一，全面总结和梳理主权养老基金投资管理理论。主权养老基金兼具主权财富基金和养老储备基金两种属性。因此，对主权养老基金而言，除了养老基金投资管理的一般性理论外，还受到国家利益、政府责任、国家资本主义等相关思想和理论的影响。这些理论也造就了主权养老基金与其他主权财富基金和养老储备基金相比，在投资管理上具有鲜明的特征。

第二，全面考察主权养老基金投资管理的发展历程。主权养老基金的成立与发展主要集中于近二十年。除了考察各主权养老基金具体的发展轨迹之外，本书将结合定性与定量研究，对主权养老基金成立的动因进行分析，深入探讨是什么原因促成了进入21世纪后主权养老基金迅速产生与发展，为什么有的国家建立了主权养老基金，而有的国家则没有。

第三，深入分析与评价主权养老基金管理体制与治理结构。管理体制与治理结构显著影响基金的投资行为。一个好的治理结构有助于基金正确而合理的战略定位并进行有效的资源配置，从而改进基金的投资绩效。本书将通过相关国际准则和建议提出主权养老基金治理结构的一般性原则，并对各主权养老基金的治理结构进行比较和评价，同时通过定量研究方法分析和比较主权养老基金的治理效率。

第四，系统分析与考察主权养老基金的资产配置策略。资产配置是基金投资管理的核心，也是基金受托机构的主要职能。长期性和巨大的资金规模使得主权养老基金的资产配置极具特色。广泛的多元化、国际化投资已成为主权养老基金最基本的资产配置逻辑。本书除了比较分析各主权养老基金的战略资产配置策略外，还将主要考察与评价基金在不同的宏观经济状态下资产配置的动态调整过程，力争总结出科学的主权养老基金资产配置策略。

第五，深入探讨主权养老基金的社会责任投资战略。践行社会责任投资已成为主权养老基金投资管理的重要方面。挪威、新西兰、澳大利亚、法国等国的主权养老基金在社会责任投资方面积累了丰富的经验，也通过社会责任投资获得了良好的社会声誉和可持续的投资回报。本书将深入分析各主权养老基金的社会责任投资策略和方式，同时考察社会责任投资对基金绩效的促进机制，提炼各基金的社会责任投资经验。

第六，进行全面、细致的投资管理绩效评估。除了采用国内外目前已获得公认的一些指标体系和评价方法对各主权养老基金的投资绩效进行评估研究外，本书还将对主权养老基金的投资业绩进行归因分析，并结合治理结构、风险水平、责任投资、管理能力等定性和定量指标对其投资管理绩效进行综合模糊评价。

第七，提出针对性的政策建议。在理论分析与实践比较的基础上，全面总结出各主权养老基金投资管理中的主要经验和先进方法，针对我国全国社会保障基金投资管理中的现有主要问题提出具有适用性和可操作性的对策建议。

1.3.2 基本研究思路

与前期主要以国家为单位的国际比较不同，本书主要以基金投资管理的主要内容和影响因素作为比较研究的内容，将各主权养老基金的投资管理实践纳入整个投资管理框架中进行分析。具体研究思路为：理论分析→投资管理实践比较与评价→经验借鉴与对策建议。首先通过文献研究考察主权养老基金的相关理论基础；其次，对国内外主权养老基金投资管理的发展历程和投资管理具体内容进行系统把握，力争在已有研究的基础上对我国主权养老基金的现有问题与未来发展方向进行全面、准确的把握；再次，根据主权养老基金投资管理的主要内容，包括投资理念、治理结构、资产配置、绩效评估等，对主权养老基金各方面的能力与效率进行比较研究；最后，在比较研究的基础上，针对我国全国社会保障基金投资管理中的不足提出相关的政策建议。

1.4　研究框架与研究方法

1.4.1　研究框架

本书的主要研究框架如图 1－1 所示。

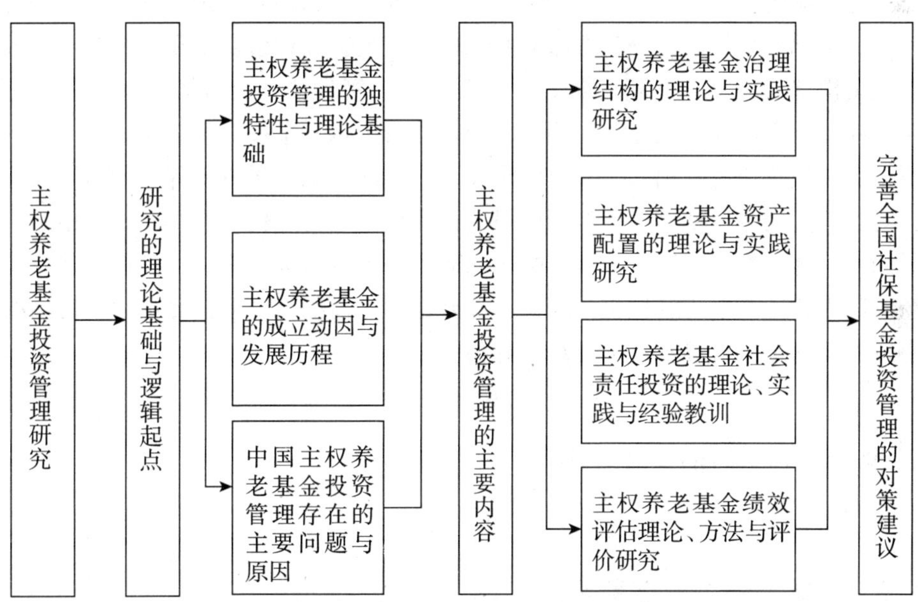

图 1－1　本书的研究框架

1.4.2　主要研究方法

本书采用的研究方法及措施主要有以下几方面：

（1）跨学科分析方法。主权养老基金的投资管理不仅是一个经济过程，还是一个政治过程和社会过程。基金的投资管理研究需要综合经济学、政治学、社会学、管理学、心理学等多学科的知识。基金投资管理的规律与内在逻辑也唯有综合各相关学科的研究方法才能获得。

(2) 文献研究法。除了对现有文献进行充分整理、吸收、借鉴外，本书着重于对第一手资料和数据的收集分析。分析的依据主要为各主权养老基金的法律法规、管理制度、投资政策以及历年年报。此外，研究中还参考并分析比较了主权养老基金相关国际权威机构的管理规范等。

(3) 比较研究法。本研究的一个重要方面就是对全球所有主权养老基金进行充分比较分析，探讨主权养老基金投资管理活动中的共性、差异及内外部影响因素。在比较中主要使用以比较制度分析和比较政治经济学分析为基础的比较分析范式，探讨主权养老基金在不同时空背景下的投资策略和绩效表现。

(4) 定性分析与定量分析相结合。在分析主权养老基金发展历程等方面主要以定性描述为主；而在涉及包括资产配置管理、治理结构、绩效评估、责任投资等具体内容的分析时，不局限于一般性的文字描述和推理，强调运用经济计量、管理模型等定量分析方法来获取研究结论。在评价其治理绩效时运用数据包络模型（DEA）分析各基金的治理能力、管理成本与投资绩效之间的关系；在分析资产配置策略时运用面板数据分析影响基金投资偏好的因素；在分析社会责任投资时运用 Granger 因果关系、自回归条件异方差等计量经济学模型对主权养老基金社会责任投资的可行性和绩效进行评估；在绩效评估中不仅利用传统的如夏普比率、詹森指数等风险回报评价指标，更进一步通过量化的绩效归因讨论基金投资回报的来源，此外还运用模糊综合评价方法对多目标的主权养老基金的投资管理进行综合评价。

1.5 主要创新点及不足

1.5.1 本书的主要创新点

将主权养老基金投资管理作为单独的研究对象进行研究是养老基金投资管理研究的一次新尝试。本书在现有研究的基础上，通过理论分析和经验研究两个方面对主权养老基金的投资策略与表现以及导致养老基金投资管理活动差异的主要原因进行了深入研究，其可能的贡献和创新之处有：

(1) 通过定性与定量分析相结合的研究方法探讨了主权养老基金设立的动因，找出了影响一国设立主权养老基金的若干重要因素。

（2）基于主权养老基金的独特性质和特点提出了主权养老基金治理结构中应遵循的一般性准则。对各主权养老基金的内外部治理实践进行了全面的比较分析，结合相关国际准则和效率分析模型对各主权养老基金的治理完善度、治理效率进行了评价研究。

（3）全面比较与分析了主权养老基金资产配置策略，总结了主权养老基金资产配置策略的共性与差异。结合动态资产配置理论，运用定量分析方法对主权养老基金动态资产配置行为进行了分析与比较，得到了与以往研究不同的结论。

（4）将社会责任投资作为主权养老基金投资管理主要内容进行探讨。社会责任投资是现阶段主权养老基金投资管理的重要趋势，也是主权养老基金作为长期性投资基金的内在要求。现有国内研究主要重视主权养老基金的资产配置、治理结构、投资绩效等，较少对其社会责任投资进行分析。我国全国社会保障基金虽然在投资理念上强调社会责任，但实践相对较少。本书通过对国外主权养老基金社会责任投资理念和策略的分析为我国主权养老基金社会责任投资实践提供重要的经验借鉴。

1.5.2　研究的不足和有待进一步研究之处

本研究仍有一些需要进一步完善的地方：

（1）主权养老基金的投资管理数据主要以年报为主，极少有月度数据或季度数据，这也限制了对其投资管理活动，特别是动态资产配置和投资绩效方面的定量研究。采用年度数据为基础的研究在结论的准确性上有待提高。

（2）基金的投资管理活动不仅涉及制度层面和宏观表现，还与投资管理者的心理状态和行为模式密切相关。限于资料的可得性和研究能力，针对主权养老基金投资管理行为的研究有待进一步深入。

（3）一些国家主权养老基金的透明度有待加强，也进一步限制了进行比较研究的可行性。例如俄罗斯国家福利基金 2012 年后就未公布资产配置等数据，导致比较研究的全面性受到影响。

上述尚未涉足的领域或研究中的不足也是下一阶段研究的重要方向，特别是对基金投资管理的行为研究，以期在本书的基础上进一步丰富和扩展主权养老基金投资管理研究的内容。

第 2 章　主权养老基金的概念辨析与理论基础

2.1　主权养老基金的界定与特征

2.1.1　主权养老基金的界定

主权养老基金通常被定义为主权财富基金的一种，其唯一或部分的特定目的是为未来的公共养老金支出提供资金。OECD 于 2007 年首次提出主权养老基金的概念，在其《聚焦养老金市场》（*Pension Market in Focus*）报告中将部分养老储备基金定义为“主权及公共养老储备基金”（Sovereign and Public Pension Reserve Funds，SPPRFs）①。郑秉文（2018）基于这一定位将部分用于填补养老金支付高峰期的主权财富基金定义为主权养老基金②。

主权养老基金与主权财富基金、公共养老储备基金既有联系又有区别。

1. 主权养老基金与主权财富基金

主权财富基金研究所（SWF Institute）认为，主权财富基金是国有的投资基金或企业，资金通常来源于外汇收支盈余或资源出口所得、财政盈余、政府转移支付等，但要排除国家货币管理局为执行货币政策或平衡外汇收支而留存的资产、政府公职人员的退休基金以及政府为个人管理的资金等③。主权财富基金可分为四类：①稳定基金，目的是将国家预算与商品价格的过度波动隔

① Organization for Economic Co－operation and Development. Pension market in focus [R]. Paris：OECD，2008.

② 郑秉文. 养老金发展报告（2018）：主权养老基金的功能与发展 [M]. 北京：经济管理出版社，2018.

③ 根据主权财富基金研究所网站 https://www.swfinstitute.org/research/sovereign－wealth－fund 提供的资料整理而得。

离开来；②储蓄基金，目的是确保国家财富的代际转移；③主权养老基金，目的是弥补未来可能出现的养老金赤字；④储备投资公司，目的是处理超过中央银行管理的货币储备。主权养老基金属于主权财富基金中的一种，两者都是由一国政府基于特定的宏观经济目标出资设立并进行统筹管理，最明显的特征就是具有“主权性”。郑秉文（2018）指出二者从本质上来说不存在区别，就是一种用于投资的基金，没有任何显性或隐性债务，它们在很多特征上具有相似性，之间的界限较为模糊。但由于宏观经济目标的不同，主权养老基金与其他各类主权财富基金在投资管理行为上有所区别。具体区别见表 2-1。

表 2-1　主权养老基金与其他类型主权财富基金区别

类型	主权养老基金	其他类型主权财富基金
受益人	老龄化高峰时期的老年人口	全体国民
投资期限	与一国的老龄化危机相联系	无限制
透明性	很透明	根据目的而定
投资目标	根本目的为保障未来养老金支付，有时也承担部分社会经济稳定发展责任（如爱尔兰 ISIF）	经济稳定、财富储备、外汇管理等

2. 主权养老基金与公共养老储备基金

公共养老储备基金可定义为政府或社会保障机构设立的基金，目的是为有关现收现付养老金计划提供资金。根据资金来源，可以将公共养老储备基金分为两个子类：第一类是缴费型养老储备基金。它是作为整个养老金制度的一部分而设立的，流入的资金主要是雇员和（或）雇主缴款超过当前支出的盈余，在某些情况下，还包括政府通过财政转移支付和其他来源提供的补充缴款。例如丹麦 ATP 养老基金、日本年金积立金和美国社会保障信托基金等都属于这一类。这些基金可由社会保障机构本身或一个独立的（往往是公共部门）基金管理实体管理。此类基金大多属于政府部门，但也有例外。例如，加拿大养老金计划储备基金在法律上独立于政府，完全依靠强制性养老金缴款和准备金的投资收入。第二类是非缴费型养老储备基金，即主权养老基金，是指政府直接设立的基金（完全脱离社会保障体系），其资金流入主要来自政府的直接财政转移支付。与第一类储备基金不同的是，这类储备基金是由政府设立的，以应付今后的养老金赤字，有些基金几十年来都不被允许支付任何费用。如澳大利亚 FF、新西兰 NZSF、挪威 GPFG 和法国 FRR 等。以我国两类养老保险基金为例，基本养老保险积累基金的资金来源于缴费和财政转移支付，是整个养老保险金制度中的一部分资产，资金积累主要是历年收入超过支出的部分。全国社会保障基金的资金来源于国有资产转移等渠道，在投资管理上基本脱离于当前养老金制度，是为未来老龄化高峰期提前储备的基金，因此属于主权养老基金这一类别。关于缴费型养老储备基金与主权养老基金的比较见表2-2。

表2-2 缴费型养老储备基金与主权养老基金性质比较

类型	国家	基金名称	基金主要来源	投资独立性	提取条件及目标
缴费型养老储备基金	加拿大	加拿大养老金计划（CPP）	现收现付制缴费盈余	加拿大养老基金投资公司（Canada Pension Plan Investment Board，CPPIB）市场化投资	降低未来缴费率
	丹麦	ATP养老基金	第二支柱法定养老金缴费	独立于政府和任何政治团体之外的管理机构	用于养老金当期支付
	韩国	国家年金基金（National Pension Fund，NPF）	现收现付制盈余	养老金系统内，国民年金公团进行管理	为退休后的韩国国民提供经济保障
	美国	联邦老、遗、残保险信托基金（the Federal Old-Agea nd Survivors Insurance and Disability Insurance Trust Funds，OASDI）	现收现付制缴费	养老金系统内，社保信托基金理事会运营（BTFOASDI）	提高养老金制度的支付能力与可持续性
	瑞典	国民养老基金	养老保险缴费	独立投资决策	为缴费收入的周期性波动提供缓冲
	日本	年金积立金（Government Pesion Insurance Fund，GPIF）	国民年金和厚生年金收支结余	独立行政法人	保障公共养老金计划未来支付需要
	中国	城镇职工社会养老保险积累基金	部分积累制缴费	养老保险系统内，部分积累基金采用委托全国社保基金理事会投资	用于当期或未来养老金支付

续表

类型	国家	基金名称	基金主要来源	投资独立性	提取条件及目标
主权养老基金	澳大利亚	未来基金（FF）	国家财政（非商品）、国有股转移	独立机构投资	自 2020 年起，可以从中提取资金，以支付年度未提供资金的联邦退休金负债
	法国	养老储备基金（FRR）	国家财政（非商品）、税收	国家主权享有，政府管理的独立机构	降低经济周期对财政的影响，保持较长时期内养老保险缴费率的相对平衡，通过储备的积累弥补缴养老金的不足
	新西兰	超级年金基金（NZSF）	国家财政（非商品）	独立于政府运作	2020 年之前不允许提款，为新西兰退休金养老金的未来成本提供部分预留
	挪威	政府全球养老基金（GPFG）	国家财政（商品）	独立投资决策	老龄化高峰时弥补养老金赤字
	中国	全国社会保障基金（NSSF）	国家财政（非商品）、国有股减持等	独立实体运作	未来老龄化高峰时的支付，尚未明确支付时间
	智利	养老储备基金（Pension Reserved Fund，PRF）	国家财政（商品）	独立投资决策	支付未来养老金债务，2016 年之前不能提取
	俄罗斯	国家福利基金（National Welfare Fund，NWF）	国家财政（商品）	财政部管理、俄罗斯央行投资运作	共同资助俄罗斯公民的自愿养老金积累，平衡俄罗斯联邦养老金的预算

2.1.2　主权养老基金的特征

基于特定的研究目标，本书对主权养老基金的定义与我国部分学者（郑秉文，2018；唐俊，2010；等等）的定义稍有不同，本书所指主权养老基金为狭义上的主权养老基金，即由政府直接建立，在管理体制上与养老金制度自身相分离，专门用于老龄化高峰时应对支付压力的，没有养老金隐性或显性债务的一类积累性基金。它既属于主权财富基金范畴又是养老基金大家族中的一员。从资金来源上可以将主权养老基金分为资源型和外汇型两类。本书所指的主权养老基金有以下特点。

1. 主权性

与其他主权财富基金类似，主权养老基金是一种国有资金池。主权养老基金的资金主要来源于一个国家的预算盈余，并由政府控制与支配，是现代国家资本主义的一种主要表现形式。

2. 投资决策的独立性

主权养老基金脱离于当前养老金体系，通过独立的法人受托机构进行管理，并承担最终责任。与具有当期负债的养老基金不同，主权养老基金是一种专业化、市场化的进取型投资基金，在投资决策中主要基于基金的增长和社会责任等目的制定投资目标。如何避免受到不适当的行政干预，保持基金投资管理独立性是主权养老基金治理结构的核心问题。同时，主权养老基金强调投资管理的透明性，其透明度往往高于其他类型的主权财富基金。

3. 长期资本性

主权养老基金的设立目的非常明确，即为未来养老金赤字进行提前储备。因此，主权养老基金通常没有明确的当期负债，其投资目标往往是实现长期而持续的回报。目前已形成的主权养老基金都具有较大规模，通常在全球范围内进行投资以提升基金的收益。不同于一般的公募基金，主权养老基金大多将投资管理过程和绩效评价期间置于一个更长的时期，投资管理的重点是战略资产配置和投资基准的设置，各基金普遍认为过度的短期行为使基金偏离风险与收益的最佳组合，影响长期绩效。大量而频繁的短线操作不仅会影响基金本身的收益，更会因为其巨大的资金规模对当前资本市场造成强烈冲击。将基金作为长期性资本已成为各国遵循的普遍性原则，也是主权养老基金区有别于其他类型投资基金的重要特征。

2.2　主权养老基金投资管理的理论基础

2.2.1　设立主权养老基金的理论依据

1. 国家利益理论

维护国家利益是绝大多数主权基金坚守的关键原则，主权养老基金也不例外，其投资管理行为也应建立在国家利益的基础上。主权养老基金投资行为与国家利益关系的理论具体梳理如下。

（1）马克思主义国家利益思想。

国家利益思想早在现代民族国家产生之前就已出现。当个人特殊利益与社会共同利益产生矛盾时，能够代表共同利益并调和个人特殊利益与社会共同利益矛盾的工具——国家随之产生。马克思认为国家利益是社会共同利益的转化，从产生的开始就具有阶级性①，国家是资产所有者为了保障自己的财产和利益所形成的一种组织形式②。恩格斯也强调国家是社会发展到一定阶段的产物，而非强加于社会的一种力量③。经典马克思主义强调，国家利益具有阶级性、民族性、世界历史性的特点。虽然国家利益具有阶级性特征，但并不意味着社会全民利益就与统治阶级的利益相互冲突，二者反而在一定程度上是相辅相成的。如果统治阶级为了实现自身利益而罔顾社会全民利益，则最终会导致统治地位的动摇。除了阶级特性外，国家利益还具有民族性。国家是由一定地域范围、一定人口以及若干民族组成的。这就决定了实施社会管理和提供公共服务是一个国家的基本职能。国家在一定程度上必须承担实现全民族共同利益的责任。无论是资产阶级占统治地位还是无产阶级占统治地位的国家，在维护国家尊严、弘扬民族历史文化等方面都具有共同性。与资产阶级统治国家不同的是，无产阶级国家本着解放全人类、消灭剥削的宗旨，是以全人类的共同利

① 中共中央马克思恩格斯列宁斯大林著作编译局. 马克思恩格斯选集：第 1 卷 [M]. 北京：人民出版社，1995：84.

② 姜正军. 马克思主义国家观之辩护与澄明 [J]. 河南大学学报（社会科学版），2011，51(4)：27−31.

③ 中共中央马克思恩格斯列宁斯大林著作编译局. 马克思恩格斯选集：第 4 卷 [M]. 北京：人民出版社，1995：170.

益为目标建立的新型国家类型，实现了阶级性和民族性的统一。随着近现代以来国际分工趋于细化，世界市场的建立，国家利益也逐渐具备了世界性特征[①]。在相互竞争和融合的关系中，一国的发展都与他国紧密联系。维护世界共同利益是实现本国利益的重要前提，国家利益也逐渐冲破地域性而呈现出世界历史性的特点。在这一点上，也是包括主权养老基金在内的所有主权财富基金应当遵循的基本原则。中国共产党人在继承和发展马克思国家利益思想的基础上，与中国具体实践相结合，形成了具有中国特色的国家利益观。毛泽东的国家利益思想充分体现在为争取和实现国家独立、主权完整的实践活动中[②]。邓小平在维护国家主权和安全的基础上，将经济利益提升到国家利益高度。他强调，当代中国的首要利益是发展，在让国家强大起来的同时逐步改善人民的生活。要想发展就必须要有安定的政治环境[③]。进入新时代，习近平对中国特色社会主义国家利益进行了新的论述，将中国的自身利益与国际社会的共同利益联系起来，倡导和引领新安全观、全球治理以及人类命运共同体[④]，这对主权养老基金投资管理的价值取向和实践行为具有重要的指导意义。习近平同志指出，国家安全是国家利益最根本的内容，是包含了政治、国土、军事、经济、文化、社会、科技、信息、生态、资源、核安全等丰富内涵于一体的国家安全体系[⑤]。设立并发展主权养老基金，规范主权养老基金的投资管理行为对于国家政治安全、经济安全、社会安全甚至科技、信息、生态、资源安全都具有重要意义。主权养老基金还应积极主动地参与全球治理，在追求本国利益时，兼顾他国以及国际社会的共同利益。

（2）西方国家利益理论。

西方有关国家利益的观念始于文艺复兴时期，随着资产阶级民族国家的形成，对于国家利益，不同时期和不同的理论演进有着不同的诠释，也体现了各国的不同主张和诉求[⑥]。其中比较有代表性的理论有新现实主义、新自由主义和建构主义的国家利益理论。新现实主义代表人物华尔兹认为，国家利益演进的逻辑起点是国际体系结构。国家只有在自身安全有保障的前提下才能去追求

---

① 中共中央马克思恩格斯列宁斯大林著作编译局．马克思恩格斯选集：第1卷［M］．北京：人民出版社，1972：254.

② 刘薇．中国共产党的国家利益观及其实践研究［D］．长春：吉林大学，2014：30.

③ 邓小平．邓小平文选：第3卷［M］．北京：人民出版社，1993：244.

④ 石彩霞，宋效峰．习近平新时代国家利益思想研究［J］．重庆科技学院学报（社会科学版），2018（2）：1－4.

⑤ 习近平．在中央国家安全委员会第一次会议上的讲话［N］．人民日报，2014－04－16（001）.

⑥ 张冬．主权财富基金的政治经济分析［D］．北京：中央民族大学，2013：31.

福利等目标，一国要想获得安全就必须以权力为手段来捍卫国家利益，但是这种权力要适度①。吉尔平认为，国家对经济目标的追求在本质上是对权力和财富的追求，在追逐利益的过程中，要么因为提高经济效率而使国际关系中的双方获得最大限度的利益，要么则是在权力和财富的争夺中牺牲效率和全部利益。新自由主义将经济利益纳入国家利益的内涵，认为现实主义所关注的权力和安全可以由各国的合作来取代，各国的相互依赖和经济技术合作正逐渐占据国际关系的主导地位。建构主义学者则强调观念利益，他们认为，国家利益与国家信念相联系，国家的信念决定着国家利益的追求。国家利益除了追求生存、独立和财富外，还应包括集体自尊。国家利益也受到国际共享价值和规范的塑造，而非全部来自国内集团要求和外部威胁②。

2. 责任政府理论

随着西方民主政治的发展，责任政府及其理论随之产生。20 世纪 30 年代，政府行政权力逐步延伸到社会福利领域，责任政府理论强调政府在公共服务、促进社会公平等方面的社会责任。责任政府理论认为，政府的权力是人民赋予的，它不是凌驾于公民之上的官僚机构，应以社会公共需求为导向，以公民意愿作为公共政策制定的方向。第一，政府必须积极回应公民的正当诉求；第二，政府的行为必须有明确的目标，是有效率的；第三，政府制定和执行政策时必须考虑政策目标的差异；第四，政府的行为必须在法律的约束下进行；第五，政府必须为做错的事情承担责任；第六，公职人员必须恪守行政伦理道德。因此，从责任政府理论的角度看，政府应积极回应社会公众的养老需求。而随着老龄化程度的加剧，公民的养老需求日益凸显。政府积极地为未来的老龄化高峰进行必要的准备，是履行政府职责的充分表现。在存在责任追究的情况下，政府将更加关注整个养老金制度的发展，并整合各种资源，对公民的需求做出回应。建立主权养老基金正是这一回应的具体表现。

3. 公共物品理论

萨缪尔森将社会物品分为公共物品和私人物品两类。公共物品的个人消费不影响其他人的消费，具有非排他性和非竞争性；反之私人物品是排他性且竞

---

① 肯尼思·华尔兹. 国际政治理论［M］. 信强，译. 上海：上海人民出版社，2017：147.

② 玛莎·芬尼莫尔. 国际社会中的国家利益［M］. 袁正清，译. 上海：上海人民出版社，2012.

争性的[1]。埃莉诺·奥斯特罗姆对公共物品和私人物品做出了进一步区分，见表2—3。

表 2—3　公共物品与私人物品的区别

类型	私人物品	公共物品
排除未付费者	容易	困难
消费人数	个人	多人共同
消费选择性	可选择	不能选择
物品质和量的衡量	相对容易	相对较难
能否选择消费物品的种类和质量	可选择	不能选择
配置决策依据	市场机制	政治程序

然而在现实生活中，符合萨缪尔森所指的公共物品并不多见，在纯粹的公共物品和私人物品外，还存在着大量的准公共物品。因此，按照排他性和竞争性原则，可以将社会物品分为四类，如表 2—4 所示。

表 2—4　社会物品的分类

类型	排他	非排他
竞争	私人物品	公共资源
非竞争	俱乐部产品	纯粹公共物品

公共物品供给理论认为，只有纯粹的公共物品才完全由政府提供，政府并不是准公共物品的唯一供给主体，市场、个人以及其他组织都可以参与准公共物品的供给。关于养老基金的物品性质，目前仍未能形成统一的意见。本书认为，从养老基金的性质来看，现收现付制下的养老保险基金偏向于“俱乐部产品”，即参加养老保险制度意味着进入这一“俱乐部”，养老金的缴费则变为俱乐部内的非竞争性资源，进行代际间的转移。未能进入这一俱乐部则意味着被制度排他。强调个人生命周期资金平衡的完全积累制下的养老基金则更偏向于私人物品性质，在消费上具有排他性和竞争性。而由于管理体制的不同，这类基金的物品属性也有所区别。在私人公司管理下的这部分资金私人物品属性更强，如由公共部门进行管理，这部分资金有具有一定的公共性，可能转变为一

① SAMUELSON P A. The pure theory of public expenditure [J]. Review of economic and statistics, 1954, 36 (4): 387—389.

种公共资源。主权养老基金与上述两类基金有着不同的物品性质，可以将它认为是纯粹的公共物品。首先，为未来老龄化高峰时的支付进行提前储备不能按照谁受益谁付费的原则进行成本分摊，因为当代人很可能享受不到这一储备的成果。同时，这一基金本身具有非排他性，未来的受益群体可能是所有的公民。其次，主权养老基金的资金要么来源于资源收益，要么来源于政府国有资产私有化的收益或者税收收入，无论从哪种来源看都具有纯粹的公共性特征。因此，从属性上看，具有纯粹公共物品性质的主权养老基金应该由政府成立并承担成本。

2.2.2　主权养老基金投资管理理论

1. 长期主义理论

加拿大养老基金投资公司（CPPIB）20 多年来的成功投资实践促成了长期主义理论的发展。该理论成为当前国际养老基金投资领域重要的理论成果。“短期主义”反映的是“低买高卖”的理念，“长期主义”则体现为投资过程与宏观经济的相互促进。安集思（2017）认为，长期主义理念源自《牛津英文大辞典》的启发，是人类社会创造财富和国民福利的重要基础[①]。长期主义是有意义的，但需要智慧与前瞻[②]。

Dominic Barton，Mark Wiseman（2014）对长期投资趋势表达了其乐观态度：第一，当前恢复对现代商业经济，特别是金融行业的信心已达成共识；第二，人们逐渐意识到资本主义需要更具有包容性才能实现可持续发展；第三，由于碳排放引发的气候变化，将给 21 世纪可持续的财富创造带来威胁[③]。加拿大投资公司、麦肯锡公司等机构也逐渐倡导资本的长期表现（Focusing Capital on the Long Term，FCLT ）。

---

① 郑秉文. 全国社会保障基金理事会管理体制的转型与突破：写在基本养老基金投资进入市场之际［J］. 辽宁大学学报（哲学社会科学版），2017，45（3）：1−25.

② 安集思. 养老金管理的未来：综合设计、治理与投资［M］. 养老金管理翻译小组，译. 北京：中国发展出版社，2017：14.

③ DOMINIC B，MARK W. Focusing capital on the long−term［J］. Harvard business review，2014（2）：38.

2. 主权基金国际化投资的影响

（1）主权基金优势理论。

费雪在李嘉图比较优势论的基础上指出，国际间资本流动的基本原因是不同国家间的利率差，国际资本流动会消除这一差异。曼德尔认为，如果两国具有不同的要素禀赋，国际贸易的出现可以使生产要素得到更合理的利用，但贸易壁垒的形成又会使得生产要素不能在国际间合理流动，国际进出口交易额减少的同时，资本的跨国流动得以形成。主权养老基金在本质上也是一种国际资本，其海外投资倾向较高。主权养老基金进行对外投资可以增加发达国家优势产品的投入从而解决其资源禀赋不足的问题。为确保国家财富的保值增值，主权基金在风险控制标准、资产配置和投资渠道方面都有严格的要求，虽然同样需要追求高投资回报，但相对于对冲基金而言，主权基金在维护全球资本市场平衡方面发挥着更重要的作用。例如在次贷危机期间，主权基金大量投向金融行业虽造成了短期账面损失，但在维持全球资本市场稳定方面的作用却是其长期价值追求的充分体现。资本的跨国流动一方面可以为资本短缺国带去资本以增加总产出，另一方面也可以为资本输出国带来较高的回报。一般情况下，独立的货币政策和稳定的汇率不能同步实现，在汇率缺乏弹性的情况下，货币政策将会被束缚。主权基金的对外投资则可在提高外汇需求量的同时减少货币政策压力①。

（2）主权基金威胁论。

主权基金作为重商主义拥护者所使用的一种资本利器，其浓厚的政府背景受到西方自由主义支持者的坚决反对。他们担心发展中国家会利用主权基金进行带有国家意志的投资，从而对全球自由市场造成冲击，颠覆现有的自由经济格局②。新殖民地理论认为，主权基金在对第三世界国家的投资过程中，容易产生短期行为选择，甚至形成新的殖民经济。主权基金在对当地不可再生资源进行开采时，不注重环境保护，使目标国的长期利益受到损害。在对贫穷国家进行投资中，若经济合约不合理，将会使目标国长期处于收入和产业链的低端，加剧全球经济不平衡。威胁论引发了国际社会对主权基金投资行为的关注，再加之主权基金的政治目的、透明度等方面的问题，IMF 成员提出与主权基金共同制定一套自愿性的最佳行为准则，以打消人们的疑虑，确保基金的

① 胡婷婷. 中国主权财富基金对外直接投资战略研究［D］. 泉州：华侨大学，2014：6-8.

② 廖山鑫. 主权财富基金运营研究［D］. 广州：暨南大学，2011：17-19.

有效运营，强化主权基金对全球经济稳定的作用。2008 年 4 月，主权财富基金国际工作组（IWG）成立，26 个成员基金共同制定了一套反映投资实践和基金目标的“公认的原则与实践”（GAPP），即“圣地亚哥原则”，并于 2008 年 10 月发布。圣地亚哥原则在基金治理、基金操作、基金透明度方面做出了原则性的描述，是主权基金投资管理的指导性文件。

3. 主权养老基金绩效评估理论

第一，风险-收益衡量理论。主权养老基金的投资过程本身就是承担风险并获取收益的过程。基金的投资组合构建标准就是在同等风险水平下寻求最高收益，或者在既定收益水平下承担最小风险，

马科维茨（1952）将投资风险定义为投资收益率的波动性，并用方差或标准差来进行衡量。如图 2-1 所示，资产的方差越大则表示其越不稳定，收益的不确定性也越大。

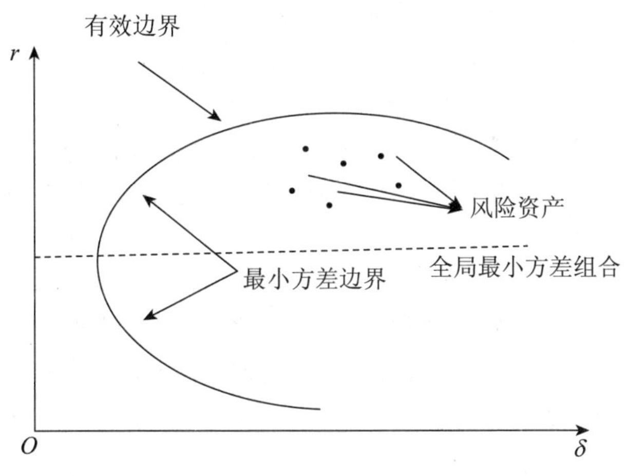

图 2-1　风险资产组合的最小方差有效边界

对于单一资产的历史收益率和方差可以通过公式（1.1）、（1.2）进行衡量。

单一资产的历史收益率公式为：

$$r_{i,t}=\frac{(P_{i,t}-P_{i,t-1})+D_{i,t}}{P_{i,t-1}} \tag{1.1}$$

其中，$r_{i,t}$ 表示资产 i 的历史收益率；$P_{i,t}$ 表示当期各资产的价格；$P_{i,t-1}$ 为上一期的各资产价格；$D_{i,t}$ 为投资组合中金融资产的分红派息额。

单一资产的历史风险为：

$$\delta^2 = \frac{1}{n-1}\sum_{t=1}^{n}(r_{i,t} - \bar{r}_i)^2 \tag{1.2}$$

其中，$r_{i,t}$ 为历史收益率；$\bar{r}_i$ 为收益率均值；δ^2 为方差，表示历史风险；n 为期数。

对多种资产的风险-收益衡量则是将投资组合中各种资产的收益率进行加权平均。公式为：

$$r_t = \sum_{i=1}^{n} r_{i,t} W_{i,t} \tag{1.3}$$

$$E(r) = \sum_{i=1}^{n} E(r_i) W_i \tag{1.4}$$

其中，r_i 为投资组合的历史收益率；$E(r)$ 为投资组合的预期收益率；W 为资产在投资组合中的权重。

投资组合风险衡量为：

$$\delta^2 = \sum_{i=1}^{n}\sum_{j=1}^{n} \mathrm{cov}_{ij} W_i W_j \tag{1.5}$$

其中，W_i、W_j 分别表示第 i 种资产和第 j 种资产的权重；cov_{ij} 表示第 i 种资产和第 j 种资产收益率的协方差。

第二，系统性风险理论。基金投资组合的收益率为组合中各资产的加权收益。当投资组合中某一资产的盈利能力大幅提升，则该种资产的价值也会上升，整个投资组合的收益率也随之上升。这种单个资产收益率波动引起的投资组合收益率变动称为非系统性风险。投资组合的收益率也通常受到所在国宏观经济波动、政治波动等因素的影响，从而导致整体收益率出现不确定，此类风险称为系统性风险。主权投资基金在对外投资过程中，除了需要通过调整各类风险资产权重来调整投资收益和风险，还需要通过目标国的选取来控制系统性风险。

第3章 主权养老基金成立动因及发展历程分析

根据前文的定义，目前全球共有7只主权养老基金，具体见表3-1。大多数主权养老基金成立于近二十年，各国在成立时间先后上有所不同，发展轨迹也存在一定差异。2000年后，成立主权养老基金成为一些国家的重要经济政策，主权养老基金在主权财富基金中所占的份额也越来越大。中国在20世纪末进入老龄化社会，为缓解养老金制度改革产生的大量隐性债务以及未来的老龄化支付压力，中国政府于2000年将部分财政收入和减持的国有股集中起来，设立了全国社会保障基金（NSSF）。挪威政府全球养老基金（GPFG）的前身是1990年设立的石油基金。进入21世纪后，面对严峻的老龄化趋势和石油预期收入降低的双重挑战，2006年挪威政府将这一主权财富基金纳入养老金制度体系，并将其更名为挪威政府全球养老基金（GPFG）。从设立至今，GPFG一直是全球规模最大的主权财富基金之一。2006年，基于其铜业在世界矿产资源中的优势，智利创立了旨在应对未来养老金支付压力的养老储备基金（Pension Peserved Fund，PRF），其与“经济和社会稳定基金”一起构成了智利两大主权财富基金。法国养老储备基金（FRR）的前身为“法国老年互济基金”，于2001年独立运作，用于弥补未来20年的基本养老保险支付缺口。其原本计划于2040年退出，但随着2010年养老金制度改革，FRR于2011年开始向社会安全债务基金支付每年约21亿欧元的资金。新西兰超级年金基金（NZSF）和澳大利亚未来基金（FF）情况类似，分别成立于2001年和2006年，资金均主要来源于非商品的财政盈余。2008年俄罗斯政府将原“联邦稳定基金”拆分为“俄罗斯储备基金”和“俄罗斯国家福利基金”（NWF）。国家福利基金的收入主要为石油天然气收入，基金设立的主要目标为确保养老金体系的长期稳定，但在具体的实践中也承担了补充财政短缺的其他职能[①]。

---

① 郑秉文. 养老金发展报告（2018）：主权养老基金的功能与发展［M］. 北京：经济管理出版社，2018.

表 3-1 各主权养老基金成立时间、资金来源与资产规模

国家	基金名称	成立时间	资金来源性质	资产总额（十亿美元）	占本国 GDP 比重
挪威	政府全球养老基金(GPFG)	1990 年设立石油基金，2006 年转为 GPFG	石油收入	1146.36	284.22%
中国	全国社会保障基金(NSSF)	2000	非商品，财政拨款、国有资产转移	380.40	2.67%
澳大利亚	未来基金（FF）	2006	非商品，财政拨款和国有企业（澳大利亚电信）的非私有化股份	112.92	8.10%
俄罗斯	国家福利基金（NWF）	2008	超额联邦预算石油天然气收入	68.55	4.34%
法国	养老储备基金（FRR）	1999	2% 的社会税、国家老年基金盈余、国有资产变卖收入、社会赠予等	37.75	1.39%
新西兰	超级年金基金（NZSF）	2001	非商品，财政供款	28.36	13.70%
智利	养老储备基金（PRF）	2006	铜矿收入	10.80	3.83%
爱尔兰	国家养老金储备基金(National Pensions Reserve Fund，NPRF)	2001，2014 年转型为战略投资基金（ISIF）	非商品，国有企业私有化收入，每年相当于 GDP 1% 的财政资金注入，至少持续到 2055 年	20.50	6.19%
比利时	银基金（Silver Fund，SF）	2001，2016 年废除	公共预算中的结构性盈余	—	—

资料来源：笔者根据各养老基金年度报告或门户网站、世界银行公开数据计算整理①。

此外，两支主权养老基金目前已转型或被取消。爱尔兰在 2001 年成立了

① 俄罗斯 NWF、爱尔兰 NPRF 为 2018 年数据；比利时 SF 于 2016 年废除，无资产总额及相关数据；其他国家为 2019 年数据。基金美元价值按当年年末世界银行公布的汇率计算。

具有主权性质的国家养老储备基金（NPRF），但由于经济政策的调整，该基金于 2014 年转为战略投资基金（ISIF），其目标从养老储备转变为在商业投资的基础上支持爱尔兰的经济发展和就业。2001 年，比利时创建了银基金（SF），对未来（2010　2030 年）的养老金负担预先融资。2006 年 5 月，基金达到了 219 亿欧元的规模，占每年公共养老金支出总额的 43%①。一开始的目标是比利时政府每年为基金注入不超过 GDP 1%的财政盈余，投资于政府债券。政府计划在第一代战后婴儿潮达到 65 岁即 2010 年时，基金进行养老金支付，保证政府的公共债务低于 GDP 的 60%。但实际上，从 2007 年开始除了基金的资本化利息所得外，政府没有任何额外的注入。并且基金完全投资于政府零息国债，在运行 15 年后，比利时政府决定取消该基金，用更多的结构性改革措施来提高养老金制度的可持续性。

到底是什么原因促使了主权养老基金的建立。本章通过定性和定量研究对建立主权养老基金的动因进行分析。

3.1　主权养老基金成立动因分析

3.1.1　成立动因的定性分析

1. 老龄化危机应对

应对日益严峻老龄化挑战是各国设立主权养老基金的直接目的。如图 3-1 所示，目前设立主权养老基金的国家中，绝大多数在 20 世纪末已进入老龄化，且老龄化程度越来越高。因此，可以建立一个单独的养老储备基金，用于长期投资，以应对由于人口老龄化而不断增加的长期养老金义务。然而，对于大多数低收入经济体来说，人口结构还很年轻。当前的养老金义务通常只占政府义务的一小部分，而且在中期内不太可能显著增长，因为持续的不发达限制了预期寿命（Holzmann，Hinz，2005）②。建立主权养老基金的通常是中高收

---

① PACOLET J. Belgium: the end of the public pension reserve “Silver Fund” [J]. ESPN flash report, 2016 (55): 3.

② HOLZMANN R, HINZ R P. Old-age income support in the 21st century: an international perspective on pension systems and reform [M]. Washington D C: World Bank Publications, 2005: 232.

入经济体，那里与人口老龄化相关的成本更高。而一些拥有巨额主权财富储备但老龄化程度较低的国家并没有针对性地建立主权养老基金，如沙特、阿联酋、科威特等中东国家。从图 3－1 可以看到，除中国外，各国成立主权养老基金时的 65 岁以上人口占总人口均超过 7%，比利时、法国、挪威等欧洲国家甚至超过了 14%，已进入深度老龄化社会。但是，建立非缴费型的主权财富基金并不是应对老龄化支付危机的唯一办法，很多国家通过设立相应的储备基金去应对老龄化高峰时期的需求，例如美国的社会保障信托基金、加拿大养老金计划等。也就是说，应对老龄化危机并不是建立主权养老基金的唯一原因。

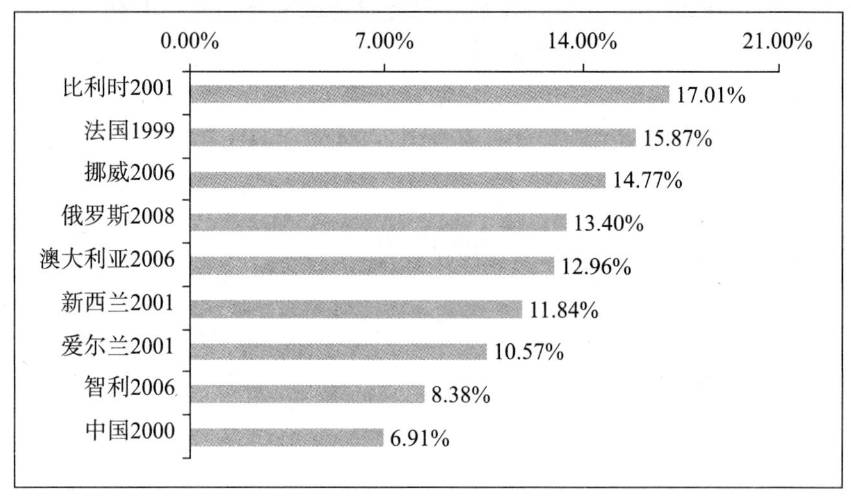

图 3－1　主权养老基金成立时所在国 65 岁以上老年人口比例

资料来源：笔者根据世界银行公开数据整理，https://data.worldbank.org.cn/。

2. 国家收入水平

一国收入水平的高低是影响主权养老基金建立的重要因素。主权养老基金独立于养老金体系之外，其资金主要来源于国家财政或资源收益的注入。如表 3－2 所示，建立主权养老基金的国家要么是高收入国家，要么是有丰富矿产或油气资源的国家。在经济上，一些国家如挪威、俄罗斯、智利等由于资源出口积累了大量的外汇储备，还有一些国家如澳大利亚、中国等通过长期的外汇盈余或经济增长也积累了一些包括国有资本在内的非商品性资源，而法国等国家则通过税收获取了一定的资金。另外有一些低收入国家既没有现实的老龄化危机，也没有足够的资源来设立主权养老基金。

表 3-2　各国 2019 年收入与储备情况

国家	人均 GDP（美元）	经常账户余额占 GDP（%）	外汇储备（十亿美元）①
挪威	75826.10	2.60	66.95
爱尔兰	80886.60	−11.60	5.44
澳大利亚	54875.30	0.60	56.37
新西兰	42755.20	−3.30	17.81
法国	40578.60	−0.70	69.73
智利	14741.70	−3.70	40.64
俄罗斯	11497.60	3.80	443.97
中国	10143.80	0.70	3127.49

资料来源：笔者根据世界银行公开数据整理，https://data.worldbank.org.cn/。

3. 经济政策需求

在老龄化或宏观经济波动的冲击下，政府需要随时获得足够的流动性以应对支付危机。这意味着基金不能被长期非流动资产束缚。主权养老基金可以投资于广泛的金融资产，如股票等，通过一定的投资组合在保证为政府支出提供预防性储蓄或平滑功能的同时获得长期投资收益。此外，基金还可以投资于特定部门或基础设施，以促进经济多样化。在投资不到位或不足的情况下，基金还可以通过旨在促进技术和知识转让的战略联盟来吸引外国公司。这些方式提供了一个长期的代际储蓄机制，从而创造一个更有能力、更有弹性的经济和社会，这比简单地把信托基金留给后代要好。目前主权养老基金的投资从传统的通过投资高流动性资产获得短期收益以控制风险的方式，逐步向多元化、具有更强风险承受能力的长期收益目标转变。这种转变不仅与其他类型的养老基金具有较大差别，也使得主权养老基金成为国家经济和货币政策的重要工具，弱化了主权基金的政治背景，有助于规避投资国的严厉审查。采用主权基金的方式来经营管理积累的养老金资产能够在有效的风险控制条件下获得更高的投资回报。

4. 政治因素

主权养老基金的建立与养老金制度建立的政治原因较为相似。提供养老金

① 外汇储备=总储备−黄金按现值美元计价的数额。

制度的动机在于：第一，预防。对生存的渴望是作为生物体的个人最强烈的需求。进入老年期的个人由于各方面的能力衰退，逐步丧失竞争力从而出现由低收入水平带来的生存危机。在无法获得足以维持基本生存需求的情况下，人们的决策行动经常表现为不同群体的暴力冲突，特别是边缘群体同富裕群体的冲突。当陷入生存危机的不是个别人而是相当数量的边缘群体时，集体反叛成功的概率会大大增加。对处于社会结构上层的富裕集团而言，几乎不存在生存风险，其风险主要来自人祸。当边缘群体的社会反叛成功，富裕群体可能丧失的不仅是财富和地位，甚至包括生命。因此，不论从哪一个阶层的利益考虑，为老年人提供维持基本生存的收入来源、预防社会动荡的发生都是国家应履行的职责之一。第二，内部一致性。国家既是内部力量相互作用的产物，又对各力量进行平衡和调节产生重要作用。提供包括养老金制度在内的统一的福利制度是避免内部拥有一定自治权的次级政府间利益冲突，减少内部竞争成本的重要手段。贝弗里奇指出：只有实行统一的社会保障制度，才能实现风险共济；也只有实行统一的社会保障制度，才能维系社会公平①。第三，外部竞争。主权国家的外部竞争主要表现为战争和制度竞争。非战争时期，制度竞争是国家间竞争的主要方式，主要包括赋税制度和公民可获得的政治经济权利的制度。国家间制度竞争的后果主要表现为公民用脚投票，从一国向另一国的迁徙。这种迁徙不仅影响一国的财富和收入，也将改变国家间的政治军事力量的对比②。基本的生存权甚至更优越的生活环境是公民是否做出迁徙决策的重要原因。在具有相同价值观和文化的国家间，这种福利水平的竞争显得尤为激烈。福利国家的兴起以及战后社会保障支出规模的扩大正是这一竞争的外在表现。

3.1.2 成立动因的定量分析

1. 变量假设

变量解释与假设如表 3-3 所示。

---

① 贝弗里奇．贝弗里奇报告：社会保险和相关服务［M］．劳动和社会保障部社会保险研究所，译．北京：中国劳动社会保障出版社，2008：285.

② 谢圣远．社会保障发展史［M］．北京：经济管理出版社，2007：222.

表 3-3　解释变量指标含义

变量名	指标	含义	假设符号
POP_i	65 岁以上人口占总人口百分比	人口老龄化程度	+
RES_i	总储备额（不包括黄金）占 GDP 比重	衡量储备失衡指标	+
PCG_i	人均 GDP	衡量经济发展指标	+
CA_i	经常账户余额占 GDP 的百分比	衡量贸易盈余指标	+
MER_i	商品贸易额占 GDP 的比重	衡量商品出口度指标	+
$SAVE_i$	总储蓄占 GDP 的比重	衡量储蓄倾向指标	+
SER_i	第三产业增加值占 GDP 比重	衡量社会发展指标	+

注：“+”表示该指标越高，建立主权养老基金的可能性越大；“−”表示该指标越高，建立主权养老基金的可能性越小。

2. 模型构建

是否成立主权养老基金是一个典型的二元选择，这里将其设定为被解释变量 Y，Y 为 1 则表示该国已经建立主权养老基金，反之 $Y=0$。同时选择二元 Probit 概率模型来分析一国是否建立主权养老基金的各种影响因素。被解释变量 Y 受到效用指数 Z_i 的影响，设 Z_i^* 为临界值，Y_i 和 Z_i^* 的关系如下：

$$Y_i = \begin{cases} 1, 当\ Z_i > Z_i^*\ 时 \\ 0, 当\ Z_i \leqslant Z_i^*\ 时 \end{cases} \tag{3.1}$$

Probit 概率模型的具体形式为：

$$P_i = \mathrm{Prob}(Y_i = 1/x_i) = F(Z_i) = \int_{-\infty}^{Z_i} \frac{1}{\sqrt{2\pi}} \exp(-\frac{Z^2}{2}) \mathrm{d}z \tag{3.2}$$

且

$$\begin{aligned} Z_i = {} & \beta_0 + \beta_1 \mathrm{POP_i} + \beta_2 \mathrm{RES_i} + \beta_3 \mathrm{PCG_i} + \beta_4 \mathrm{CA_i} \\ & + \beta_5 \mathrm{MER_i} + \beta_6 \mathrm{SAVE_i} + \beta_7 \mathrm{SER_i} + \mu_i \end{aligned}$$

其中，x_i 为解释变量，$F(Z_i)$ 表示标准正态分布的累计分布函数，β_i 为待估参数，μ_i 为随机解释变量。

3. 数据选取

从主权养老基金建立的时间看，绝大部分集中于 2000—2010 年这一阶段，同时为排除个别年份数据波动对结果的影响，所有变量数据选取 1995—2015

年度的平均值。同时为了研究外部因素，这里将主权养老基金定义为包含非缴费型主权养老基金和缴费型主权养老基金，如美国、日本、加拿大等国所建立的储备基金也视为其已建立主权养老基金。剔除部分残缺值后，共获得 143 个国家或地区的数据。模型中全部分析数据来源于世界银行网站。

4. 变量检验

依据上面的假设，首先测量被解释变量与解释变量之间的相关性，去除相关性较低的假设影响因素。其次，上述解释变量可能存在一些重要的内在联系，为避免回归分析中的多重共线性，需要考察解释变量之间的相关程度，剔除彼此高度相关的变量。相关系数矩阵如表 3−4 所示。

表 3−4　Probit 模型变量相关系数矩阵

	MER	CA	PCG	POP	RES	SAVE	SER	Y
MER	1.0000	−0.0470	0.1014	0.0779	0.3936	0.2533	0.0170	−0.1534
CA	−0.0470	1.0000	0.2545	0.0154	0.1001	0.2616	0.1283	0.1334
PCG	0.1014	0.2545	1.0000	0.6006	−0.1536	0.3640	0.5804	0.5723
POP	0.0779	0.0154	0.6006	1.0000	−0.1551	0.0874	0.0558	0.5546
RES	0.3936	0.1001	−0.1536	−0.1551	1.0000	0.1202	−0.1653	−0.1802
SAVE	0.2533	0.2616	0.3640	0.0874	0.1202	1.0000	0.0547	0.1965
SER	0.0170	0.1283	0.5804	0.0558	−0.1653	0.0547	1.0000	0.4642
Y	−0.1534	0.1334	0.5723	0.5546	−0.1802	0.1965	0.4642	1.0000

从相关矩阵可以看到 PCG 与 POP、SER 存在较大相关性；MER 和 RES 与 Y 之间呈负相关关系，且与 SAVE 之间相关性较大。同时 CA 与 SAVE 之间也存在较大的相关关系。因此模型选择 POP、SAVE、SER 作为回归模型的解释变量。则实证解释模型仍为：

$$P_i = \text{Prob}(Y_i = 1/x_i) = F(Z_i) = \int_{-\infty}^{Z_i} \frac{1}{\sqrt{2\pi}} \exp(-\frac{Z^2}{2}) \mathrm{d}z \qquad (3.3)$$

且

$$Z_i = \beta_0 + \beta_1 \text{POP}_i + \beta_2 \text{SAVE}_i + \beta_3 \text{SER}_i + \mu_i$$

其中，各变量含义同式（3.2）。

5. 估计结果

利用 EVIEWS 10.0 对模型进行估计，估计结果见表 3−5。

表 3-5　主权养老基金设立影响因素回归结果

Variable	Coefficient	Std. Error	z-Statistic	Prob.
C	-4.559169	0.841977	-5.414838	0.0000
POP	0.144241	0.038991	3.699374	0.0002
SAVE	0.038753	0.014496	2.673412	0.0075
SER	0.210308	0.099278	2.118367	0.0341
McFadden R-squared	0.406779	Mean dependent var		0.195804
S. D. dependent var	0.398213	S. E. of regression		0.314253
Akaike info criterion	0.642675	Sum squared resid		13.72694
Schwarz criterion	0.725552	Log likelihood		-41.95129
Hannan-Quinn criter.	0.676352	Deviance		83.90257
Restr. deviance	141.4357	Restr. log likelihood		-70.71786
LR statistic	57.53315	Avg. log likelihood		-0.293366
Prob (LR statistic)	0.000000			
Obs with Dep=0	115	Total obs		143
Obs with Dep=1	28			

在 Probit 二元模型中，回归系数对因变量的影响主要从符号来判断，其大小不能理解为对因变量的边际影响。如果系数<0，则表示解释变量越大，取 1 的概率越低；如果系数>0，则意味着解释变量越大，因变量取 1 的概率越大[①]。表 3-5 给出的回归结果表明：变量 POP 回归系数为 0.144，且在 1%的水平上通过显著性检验，说明人口老龄化程度越高，国家建立主权养老基金的可能性越大；变量 SAVE 回归系数为 0.039 且在 1%的水平上通过显著性检验，说明该国的总储蓄占 GDP 比重越大，越有可能建立主权养老基金；变量 SER 的回归系数为 0.021，且在 5%的水平上通过显著性检验，说明一国的社会成熟度越高，越倾向于设立主权养老基金，在这一点上与部分主权财富基金成立的原因有所不同。

从两种分析的结果看，定量分析与定性分析的结论大致一致。首先，老龄化是建立主权养老基金的重要动因，同时，由于人均 GDP 与各国的老龄化水平高度相关，因此可以认为一国的富裕程度也与主权养老基金成立的可能性呈

① 高铁梅. 计量经济分析方法与建模［M］. 2 版. 北京：清华大学出版社，2009：221.

正相关。同样，社会发展的成熟度影响社会对老年生活的认知和老年生活需求，在相对成熟的社会中更关注老龄化带来的影响。其次，主权养老基金的设立也与一国经济实力高度相关，长期的外汇积累和国内过高的储蓄率是一些发展中国家设立非缴费型主权养老基金的重要原因。

3.2 主权养老基金发展历程分析

通过 3.1 节的分析，得出各国基于老龄化、经济政策等因素建立主权养老基金，将其作为国家资本的一部分进行长期开放性投资。经过十余年的发展，主权养老基金的资金规模和市场影响力不断扩大，投资策略和运作模式不断创新，多数已成为国际上最先进的机构投资者。本节将就各主权养老基金的发展历程与现状进行探讨和分析，以展现各基金逐步成长的独特路径。

3.2.1 挪威政府全球养老基金发展历程

挪威是世界上较早形成的福利国家之一。1948 年，挪威开始建立一个普遍的社会保障体系；到 1959 年，普惠制养老金体系全面建成；1969 年挪威政府在单一的普惠制体系的基础上增加了一个收入关联型的养老金制度。目前挪威的养老金体系由全民保险计划、职业保险养老计划和个人商业养老保险计划三支柱构成。全民保险计划覆盖全民，所有国民都必须参加，并承担相应的义务，基金收入进入全民养老基金，由挪威财政部管理。职业保险养老计划强制参加，实行双轨制，公营部门由国家公共服务退休基金专门管理，政府财政担保；私营部门的基金交由金融保险机构管理，收益取决于市场。为保证未来养老金财政收入的可持续性，2004 年挪威养老金委员会提交《老龄养老金改革方案》，将提高实际退休年龄作为主要改革目标。2006 年，随着老龄化的加剧和石油预期收入的降低，挪威政府将挪威石油基金纳入政府养老金体系，正式更名为挪威政府全球养老基金（GPFG）。基金的目标是在获得原有石油收入投资收益的基础上增加对政府养老金开支的长期支持。到 2020 年末，挪威政府全球养老基金资产达到 11586 亿美元，居全球主权财富基金之首。根据挪威《国家养老金法案》，挪威 GPFG 由挪威议会制定指南并监督，挪威财政部全权运营管理。挪威财政部将基金运营业务委托给挪威银行，并由其授权给下属挪威中央银行投资管理公司（Norge Bank Investment Management，NBIM）负责具体运营。挪威 GPFG 收入主要包括：中央银行预算转移的石油净现金流、石油交易净现金收益和基金投资收益。在投资策略上，基金高度分散化并进行跨国投资，以保护国内经济不受资金投资波动的影响，保证基金的国际购买力①。与其他主权养老基金相比，挪威 GPFG 投资时间长、资金规模大、当前无支出，形成了较为鲜明的投资风格。第一，基金投资工具主要以公开市场股票、债券为主，投资比例超过 60%。第二，坚持稳健的投资理念和严格的投资纪律。挪威财政部的投资指南指出，实际投资组合相对于投资基准的偏离不得超过 1.5%，否则将执行投资组合再平衡策略。投资组合的再平衡采取每月注资的再平衡和触发资产区间的全面再平衡两种方式。全面再平衡仅在 2003 年和 2009 年股票大跌时采用过②。挪威 GPFG 在过去二十年间仅对基金的大类资产调整过两次，包括 2007 年对股票配置额度的调整和 2008 年扩大对房地产的投资，其他的调整都只是局部调整。第三，对投资成本进行严格控制。对一个超过 1 万亿美元的庞大基金而言，每节约一个基点的成本相当于增加 1 亿美元的收益。基金大力开展指数指引、指数加强策略、Alpha/Beta 分离管理等手段节约成本。如图 3－2 所示，在 2011—2020 年 10 年中，挪威 GPFG 获得了平均高达 8.24%的投资收益率。

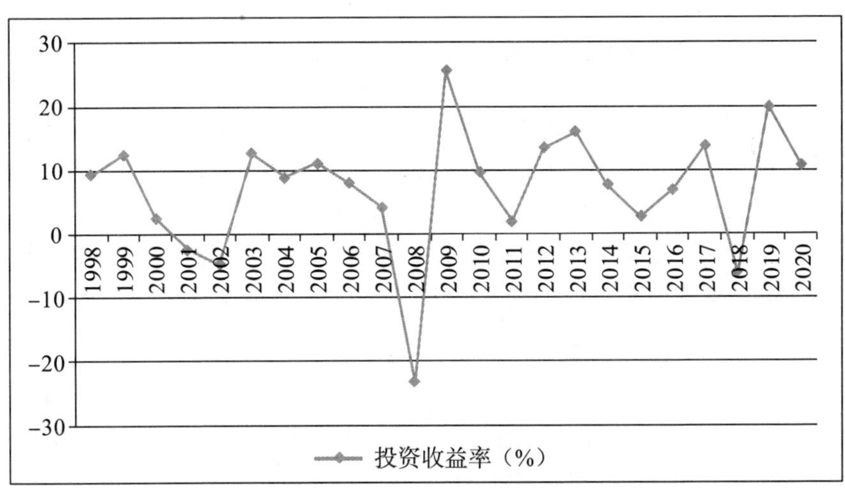

图 3－2　挪威 GPFG 投资收益率变动情况（1998—2020）

资料来源：挪威政府全球养老基金年度报告（1998—2020），笔者整理。

① 郑秉文. 养老金发展报告（2018）：主权养老基金的功能与发展［M］. 北京：经济管理出版社，2018：145.

② 郭昆. 全球主权财富基金现状及未来发展趋势［D］. 北京：对外经济贸易大学，2015：12.

高效的投资管理也保证了基金规模的稳步增长。如图 3－3 所示，2006 年更名以来，基金资产规模增长了近 5.1 倍，年均增长率接近 15.1%。

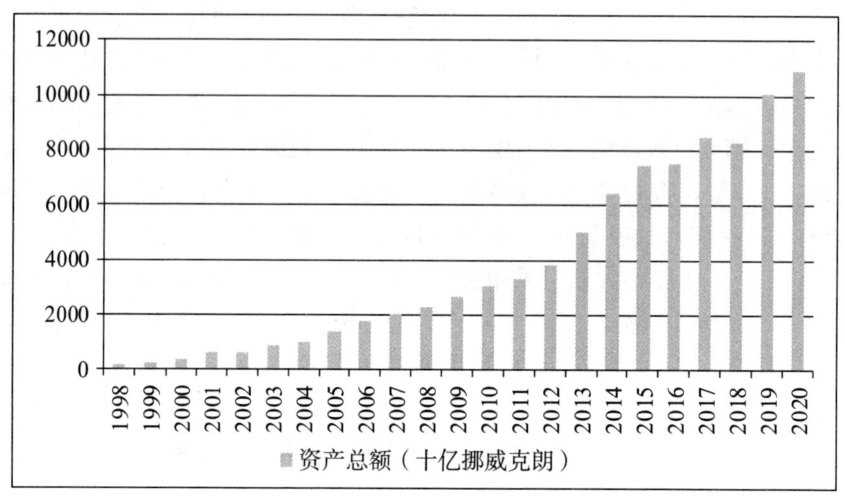

图 3－3　挪威政府全球养老基金资产总额变动情况（1998—2020）

资料来源：挪威政府全球养老基金年度报告（1998—2020），笔者整理。

3.2.2　法国养老储备基金发展历程

法国养老金制度具有深厚的传统，早在 1669 年就颁布了世界上第一部养老保险法案——《年金法典》。作为主要的欧洲国家，法国的养老保险制度针对不同行业、不同部门、不同层次的人群都有不同的养老金，制度类别高达 538 种，仅适用于公共部门职员的制度就有近 100 种。如表3－6所示，从纵向看，整个养老保险体系体现为基本养老保险、企业年金和个人储蓄三个支柱。

表 3－6　法国养老保险体系构成

特征	第一支柱	第二支柱	第三支柱
	基本养老保险	企业年金	个人储蓄
强制性	法律强制	劳资协议	个人自愿
筹资模式	现收现付	现收现付	完全积累
待遇模式	DB①	DB 或 DC②	DC
资金来源	税收、缴费	缴费	个人储蓄

① DB 指待遇确定性，即事先明确或基本明确职工未来的待遇水平。

② DC 指缴费确定性，即只确定缴费水平，不必承诺职工退休时的待遇水平。

在三支柱中，基本养老保险和补充养老保险由国家立法强制实施，采取现收现付制的运作模式，平均替代率达到 60%以上，是法国老年人最主要的收入来源。

此外，法国还有多种特殊的辅助制度，如根据地区、人群区分的社会保险费免除津贴、根据中位数精算原则的减税/增税制度、普遍性的未亡配偶养老金复位权等。总之，法国养老金体系覆盖面广、保障水平高，是西方国家高福利养老制度的代表国家之一。但随着普遍的提前退休和老龄化，法国养老保险体系承受着巨大的压力和沉重的负担。法国政府分别于 1993 年、2003 年、2010 年对养老保险体系进行了较大规模的改革。改革内容主要涉及退休年龄、缴费期限、支付办法等制度参量。在参量式改革的同时，如何为未来的制度筹集资金也成为政府面临的重要议题。建立养老储备基金成为结构式改革的一项重要举措①。

2000 年，法国政府根据 1999 年出台的《法国社会保障筹资法》设立了法国养老储备基金（FRR）。储备基金建立之初是老年团结基金的一部分。法国 FRR 最初的收益来源于两个渠道：一是基本养老保险的超额缴费，二是外部注入资金。注入资金主要来源于四个方面：2%的社会税、“国家老年基金”盈余、部分国有资产收入以及社会赠予。到 2001 年 4 月，法国政府赋予了储备基金独立的法律地位，使储备基金成为一个国家主权享有、政府管理的独立机构，接受法国社会保障部和经济预算部的双重管理。基金最初的目标是为老龄化高峰时期实现收支平衡，2020 年之前不得提取资产，并最终于 2040 年退出。但 2010 年法国的养老金改革使基金的投资目标发生了重大变化。首先，2010 年以后原来每年注入的资金不再划入储备基金；其次，储备基金从 2011 年开始到 2024 年间定期向社会安全债务基金支付 21 亿欧元，并要求在 2020 年一次性支付国民养老金 34 亿欧元。

因此，2010 年以后，储备基金投资模式转变为“债务驱动型”投资，其首要目标是完成每年的支付要求，第二目标才是结余基金价值的最大化②。因此，在投资风格上，基金既要考虑作为储备基金性质的长期投资收益最大化，又要考虑资产的流动性，以满足债务要求。资金资产配置相较于 2010 年之前出现了较大变化，图 3-4 以 2006 年资产配置为例说明 2010 年以前的资产组合的情况。

---

① 岳公正，陆云燕．法国社会养老保险基金发展历史分析［J］．经济研究导刊，2016（23）：81.

② 唐艳．法国养老储备基金资产配置研究及对我国的启示［J］．金融与经济，2014（3）：71.

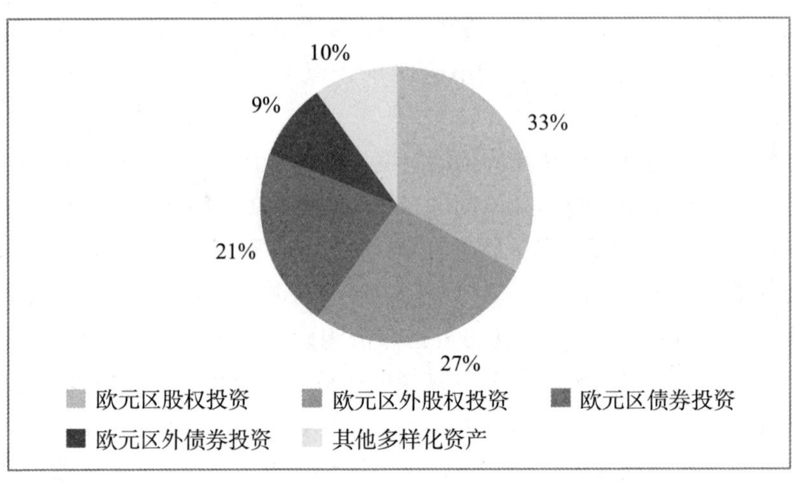

图 3-4　2010 年前 FRR 资产投资组合基准

资料来源：法国养老储备基金年度报告（2007）。

2010 年后基金的投资组合分为绩效追求组合和对冲组合。以 2018 年为例，绩效追求组合的资产约占总资产的 55%，负债对冲组合为 45%。两大组合的资产配置比例也各不相同。如图 3-5 所示，在绩效追求组合中约 74.9%（占总资产的 41.2%）的资产投资于股票，包括 33.8%的资产投资于欧洲股票，18.7%的资产投资于非欧洲股票，22.4%的资产投资于期权对冲股票，约 16.7%（占总资产的 9.2%）投资于债券（其中 3.3%为高收益债券，13.4%为新兴市场债券），还有少量资产投资于基础设施、私人债务等工具。而在负债对冲组合中，97.6%的资产（约占总资产 43.9%的）投资于债券，少量资产以现金（约占总资产的 1.1%）形式存在。

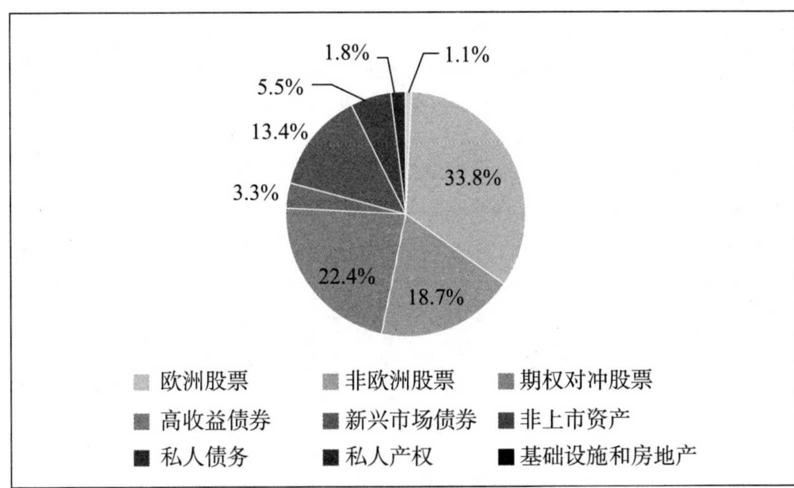

（a）绩效追求投资组合资产配置

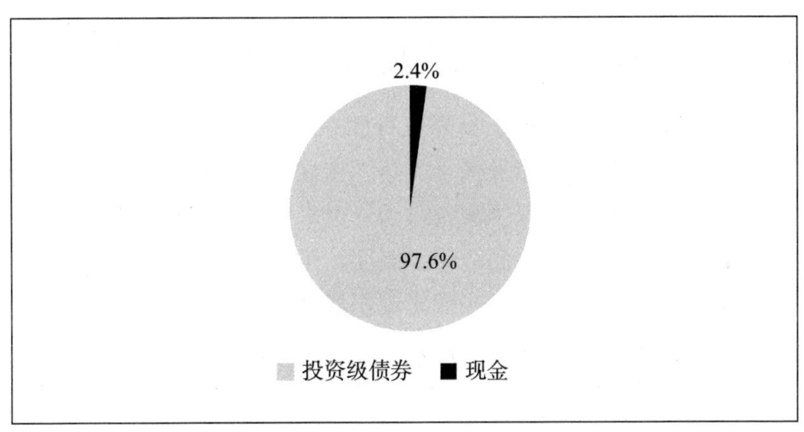

（b）负债对冲组合资产配置

图 3－5　2018 年 FRR 投资组合

资料来源：法国养老储备基金年度报告（2018）。

在投资收益率上，如图 3－6 所示，由于目标追求的改变，基金收益率在 2010 年前后存在较大差异。2010 年之前基金在追求长期投资收益的目标驱动下基金投资收益率较高，但收益波动较大。2010 年之后基金投资表现逐渐稳健，但获取高收益能力明显减弱。同样，在总资产上，由于 2011 年开始向社会安全债务基金（CADES）支付每年 21 亿欧元的资金，总资产额几乎保持在 350 亿～360 亿欧元。

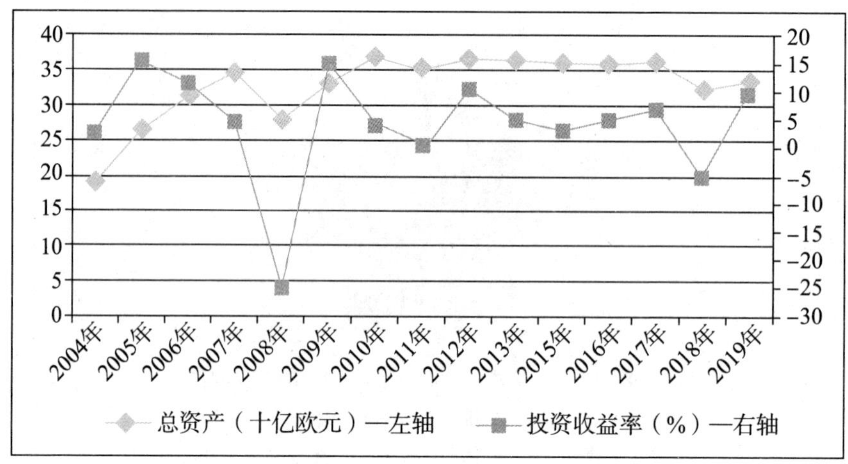

图 3-6 法国养老储备基金总资产及投资收益率变动（2004—2019）

资料来源：法国养老储备基金年度报告（2004—2019）。

3.2.3 澳大利亚未来基金发展历程

澳大利亚养老金体系遵循了世界银行的三支柱模式，如表 3-7 所示，三支柱分别为：第一支柱的国家养老金、第二支柱的超级年金和第三支柱的个人储蓄。三支柱中，第一支柱以国家税收为资金来源，为家计调查基础上的普惠制养老金；第二支柱的强制性超级年金制度，是目前澳大利亚养老金制度的主体；第三支柱为个人自愿储蓄，实行完全积累制下的分散管理。

表 3-7 澳大利亚养老金体系

特征	国家养老金	超级年金	个人储蓄
强制性	强制	强制	自愿
筹资模式	现收现付	完全积累	完全积累
待遇支付	DB，家计调查	DC	DC
资金来源	国家财政	雇主缴费	个人缴费
管理模式	政府集中管理	分散管理	分散管理

澳大利亚政府在养老金支出上的财政压力主要为国家养老金支出和公共部门超级年金的缴费；另外，军职人员超级年金及待遇计划也是政府的另一个负

债项目，预计到 2040 年，将成为政府最大的负债项目①。澳大利亚政府报告显示，由于老龄化和医疗费用的不断上升，到 2040 年左右，政府财政年度赤字将高达 GDP 的 5%。基于未来老龄化下税基缩小而带来的高赋税压力，澳政府在 2004 年大选期间提出建立"未来基金"，为减轻未来的政府财政压力而提前融资。2006 年，依据《未来基金法案》，澳大利亚未来基金（FF）正式成立，其设计理念是预先为原本没有资金支持的公共部门养老金负债提供资金，具体收益率目标为长期获得超过每年 CPI 指数 4.5%～5.5%的平均回报。未来基金的主要资金来源包括财政拨款和国有企业的非私有化股份（主要为澳大利亚电信），财政拨款主要来源于每年实际财政结余，并不预先设定每年的具体数额。在管理上，未来基金由"未来基金监管人委员会"及其下属的"未来基金管理局"负责投资运营。投资规则上，《投资准则》对未来基金进行严格的比例限制，只对所投资的资产类别进行了说明，并且不允许未来基金取得所投资公司的控股地位，也不允许持有任何一家国外上市公司的股份超过 20%。同时，要求未来基金管理者应及时披露资产配置细节，不允许作出有损政府声誉的行为。在资产配置上，如表 3－8 所示，未来基金以金融资产为主，但保持了各类资产的相对平衡，同时也对基础设施进行了一定额度的投资。

表 3－8　2020 年澳大利亚未来基金资产配置情况

资产	投资额（百万澳元）	占总资产比重（%）
本国股票	11012	6.8
全球股票	43884	27.2
私人股权	24424	15.2
不动产	9285	5.8
基础设施和林地	11420	7.1
债券	12852	8.0
另类资产	20832	12.9
现金	27404	17

资料来源：澳大利亚未来基金网站，https://www.futurefund.gov.au/about－us/publications。

① 郑秉文．养老金发展报告（2018）：主权养老基金的功能与发展［M］．北京：经济管理出版社，2018：176.

2006 年成立以来，澳大利亚未来基金资产规模不断增加，如图 3－7 所示，到 2020 年 6 月底，其资产总量达到了 1611.12 亿澳元，其中政府注资 1060.00 亿澳元，投资收益累积为 551.12 亿美元，年均收益率约为 7.50%，超过基金设定的高于 CPI 4.50%～5.50%的目标。2009 年以后，基金投资表现强势，2010—2020 年平均收益率达到 9.20%。

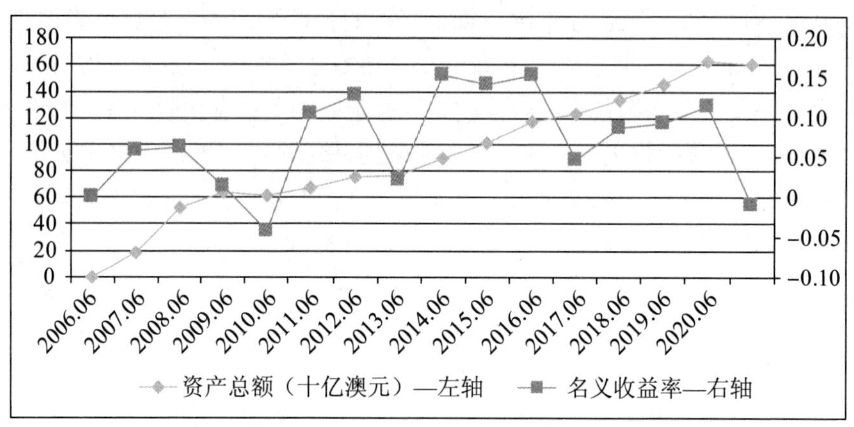

图 3—7　澳大利亚未来基金资产规模与名义收益率（2006—2020）

资料来源：澳大利亚未来基金网站，https://www.futurefund.gov.au/about－us/publications。

3.2.4　智利养老储备基金发展历程

智利以其独特的养老金制度闻名于世。现收现付制到完全积累制的成功转型曾在很长一段时间内得到众多国家的追捧。但政府养老负担依然很大。总统米歇尔·巴切莱特在 2006 年上台后，开始高度关注民生和社会问题。新政府加大了政府在教育、卫生、社会保障等方面的公共支出，以加强对弱势群体的保护。2006 年 12 月，智利通过了《财政责任法》，其中包括建立两个新的主权财富基金：养老金储备基金（PRF）和经济社会稳定基金（ESSF）。其中，养老金储备基金（PRF）旨在提供与财政养老金义务相关的融资，而经济和社会稳定基金（ESSF）则寻求提供资金以弥补财政赤字或偿还公共债务。2008 年智利对原有的私人养老金制度进行了改革，其中一个重要的措施就是在私营养老金制度上增加一个社会基础养老金（NPS），用于解决大约 60%的老年贫困人口养老问题。改革后的智利政府养老金财政负担主要来源于三方面：第一，传统现收现付之下的养老金支出；第二，私人养老金最低担保支出；第三，新增的社会基础养老金支出①。在这一背景下，作为储备基金的 PRF 显得尤为重要，基金资产不仅关系到新的制度改革能否成功，更关系到智利未来老年人口的长期福利。

智利 PRF 与挪威 GPFG 类似，资金主要来源于政府铜矿收益，智利财政每年对基金注资最低为上年度 GDP 的 0.2%，如财政资金还有盈余，仍可继续拨款，最高上限为 GDP 的 0.5%②。该累积规则允许在任何给定年份将新资源分配给基金，而不管每年国家面临的财政状况如何。2006 年至 2019 年智利财政约注入了 94.77 亿美元资金，到 2019 年底，基金规模达到 108.12 亿美元，具体注资情况见图 3-8。

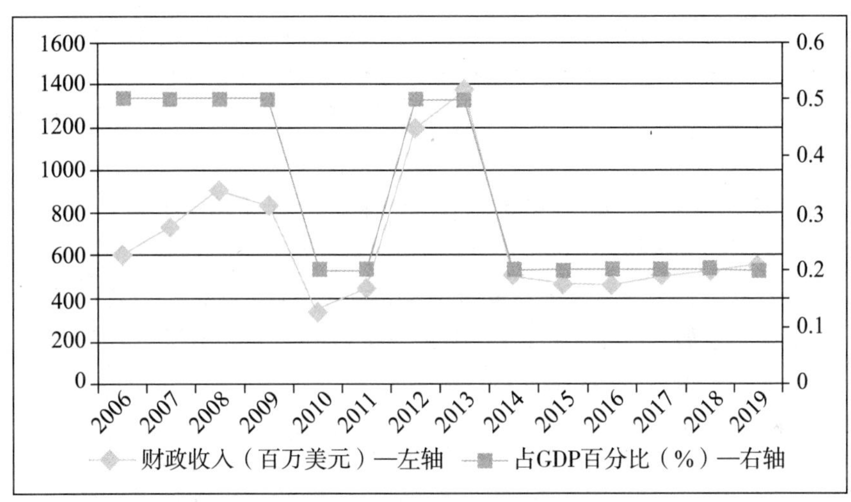

图 3-8　智利养老储备基金历年财政资金注入情况（2006—2019）

资料来源：智利财政部网站，http://www.hacienda.gov.cl/english/sovereign-wealth-funds.html。

管理政策上，为保证基金的安全性，智利 PRF 实行较为严格的比例限制，大部分投资限制于固定收益类资产，少部分允许投资于权益类产品，具体比例限制见表 3-9。

① 房连泉．建立国家主权养老基金——来自智利的经验启示［J］．拉丁美洲研究，2008（10）：53-54．

② 郑秉文．养老金发展报告（2018）：主权养老基金的功能与发展［M］．北京：经济管理出版社，2018：137．

表 3-9 2019 年智利 PRF 投资比例限制与实际资产配置情况

资产类别	投资限制（%）	2019 实际配置（%）	配置基准
主权政府债券	35.00	33.80	巴克莱资本流动资产总额：国债指数、政府债券指数
通胀指数主权债券	11.00	10.60	巴克莱资本通胀挂钩指数
公司债券	13.00	13.10	巴克莱资本公司债券指数
股票	27.00	28.90	摩根士丹利资本国际（MSCI）除智利以外的所有国家世界指数
高收益债券	8.00	7.80	巴克莱全球高收益指数（美元，未对冲）
美国住房抵押贷款支持债券	6.00	5.70	巴克莱美国抵押贷款支持证券指数

资料来源：智利财政部网站，http://www.hacienda.gov.cl/english/sovereign-wealth-funds.html。

在稳健的投资风格下，2007—2019 年，智利 PRF 投资收益率约为 3.88%。如图 3-9 所示，2008 年金融危机期间，基金投资收益并未受到明显影响，主要得益于保守的投资政策和良好的管理体制。美世咨询公司在《墨尔本美世全球养老基金指数（2017）》报告中认为由于资金每年支出额小于注入额，智利 PRF 还将在未来 20 年内继续成长。

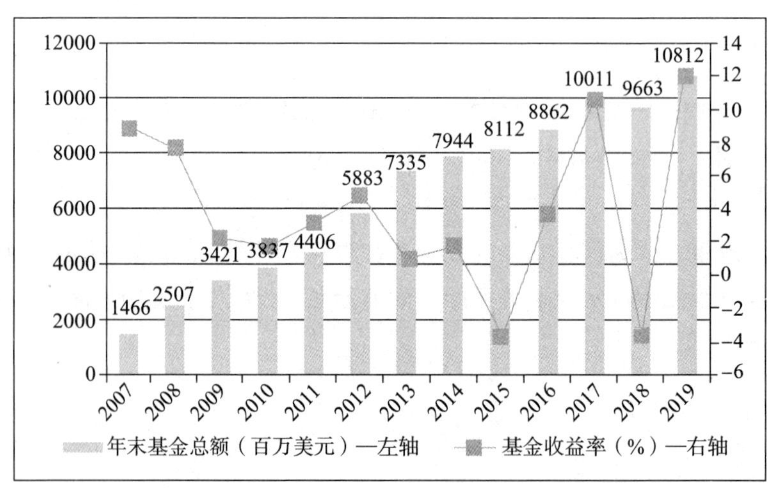

图 3-9 智利 PRF 资产总额与投资收益率变动情况（2007—2019）

资料来源：智利财政部网站，http://www.hacienda.gov.cl/english/sovereign-wealth-funds.html。

3.2.5　新西兰超级年金基金发展历程

新西兰是继德国和丹麦之后，全球第三个建立全国性强制养老保险制度的国家。1898 年，新西兰基于家计调查的非缴费型养老保险制度正式确立[①]。目前，新西兰养老金体系由三支柱组成：第一支柱为非缴费型的超级年金，第二支柱为职业退休金计划和补充性质的 KiwiSaver 计划，第三支柱为私人养老储蓄。与许多国家不同的是新西兰公共养老金实行非缴费的均一性支付，只对受益人的年龄和居住年限有要求，养老金资金来源于税收。第二支柱中除了私营部门退休金计划外，还有补充性质的 KiwiSaver 计划。该计划从 2007 年开始实施，是一项自愿的、以工作为基础的储蓄计划。新员工一般自动注册，并有 8 周时间选择是否退出。KiwiSaver 计划缴费率为 4%～8%，雇主自愿缴费。为推动计划的实施，新西兰政府为每个个人账户提供 1000 新西兰元的预付款。这一体系中，政府财政压力主要源于公共养老金的支付，2016 年公共养老金支出约占 GDP 的 5.1%[②]。

与其他国家一样，新西兰人口年龄结构也将发生较大变化，老龄化冲击严重。新西兰统计局预测 65 岁以上年龄组的人口比例将在 21 世纪 20 年代末增长到 20%；到 21 世纪 50 年代后期，每四个新西兰人中就有一个年满 65 岁。为缓解养老金支付压力，2001 年 10 月新西兰政府颁布《新西兰年金养老金法案》，将退休年龄从 60 岁提高至 65 岁，与此同时，要求成立新西兰 NZSF，并把它作为长期战略储备基金，为人口老龄化高峰时的养老金支出负担部分费用。

根据《新西兰年金养老金法案》，新西兰 NZSF 由独立的专门机构——新西兰超级年金基金监管人（The Guardians of New Zealand Superannuation）负责管理运营。超级年金基金监管人属于政府实体，同时也是永久存续的法人实体，其最高决策机构是董事会，董事会拥有基金管理、监管、业务指导等权力。也就是说，与投资相关的业务决定都是由董事会做出或者由其授权做出。表 3－10 列出了超级年金基金投资管理过程中的里程碑事件。

---

① 于环．新西兰超级年金："一枝独秀"的养老保障模式［J］．中国财政，2016（2）：71－73．

② The Organisation for Economic Co－operation and Development. Pension at a glance 2017：OECD and G20 indicators［R］. Paris：OECD Publishing，2017.

表 3－10　新西兰超级年金基金投资管理里程碑事件

年份	里程碑事件
2001	新西兰养老金退休收入法案获得通过，新西兰超级年金基金成立
2002	第一委员会任命大卫梅为主席
2002	获得第一笔款项，10 月开始投资，确定初始战略资产配置
2005	首次投资新西兰和美国木材、新西兰私募股权基金
2006	通过对 Morrison&Co 的授权进行全球基础设施投资，排除捕鲸和杀伤性武器行业
2007	剥离烟草股票，委任新的托管人
2008	雷曼兄弟银行破产，组建危机管理团队以便做出迅速决策并管理流动性
2009	全球金融危机，基金市值下跌 30.7%；建立内部投资组合；政府暂停出资，最后捐款 2.5 亿美元。增加投资于新西兰的基金比例，致力于圣地亚哥主权财富基金最佳实践原则
2011	成为世界上最具创新性的主权财富基金，首次排除违反责任投资标准的个人证券
2014	开发风险分配流程，投资垃圾发电
2015	实施风险预算
2016	投资奥克兰住宅开发项目，基金达到 300 亿美元，是政府捐款额的两倍

资料来源：新西兰超级年金基金网站，https://www.nzsuperfund.nz/publications/annual－reports/。

新西兰超级年金基金采用直接投资与委托投资相结合的模式运营。超级年金基金监管人通过每年更新一次 SIPSP（投资政策、标准和程序）对具体投资运营业务进行指导，其内容涵盖了投资的资产类别、投资基准、业绩报告标准、风险平衡、金融衍生品运用、代理投票等多项重要内容。在具体资产配置和投资过程中，监管人对基金提出了长期性和低流动性的要求，基金通过广泛的多元化投资来分散风险，股票、房地产等长期收益较高的资产占资产配置比重较大。经过近十多年的发展，基金获得了良好而稳定的收益率，名义收益率水平在所有主权养老基金中是最高的，基金规模也从最初注资的 24 亿新西兰元增长到 2020 年的近 448 亿新西兰元。新西兰 NZSF 资产规模及投资收益率变动情况见图 3－10。

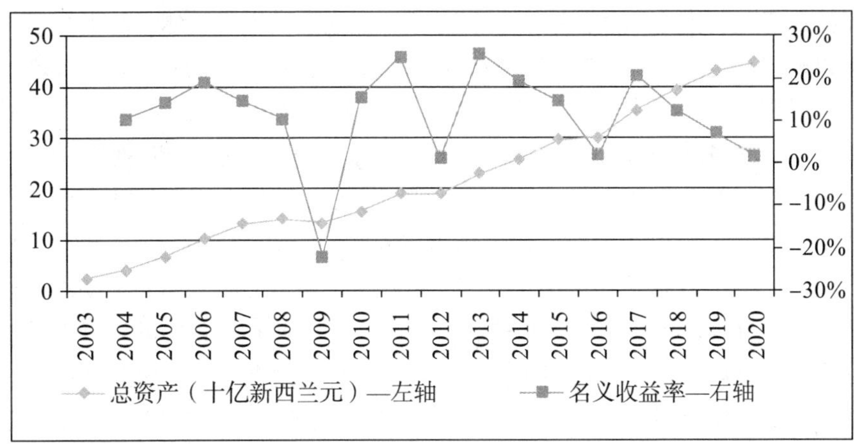

图 3－10 新西兰超级年金基金资产规模与投资收益率变动情况（2003—2020）

资料来源：新西兰超级年金基金网站，https://www.nzsuperfund.nz/publications/annual－reports/。

3.2.6 俄罗斯国家福利基金发展历程

苏联解体后，俄罗斯作为继承者经历了经济转型过程中的经济停滞不前和较为严重的通货膨胀，原有的养老金体系已无法支付养老金待遇。因此，俄罗斯联邦政府在 1990 年、1991 年相继颁布《国家养老金法案》和《退休养老基金法》，养老金体系从原有的国家现收现付制转变为三方共同负担的现收现付制，但没有建立积累机制。1997 年，在世界银行“多支柱”养老保险体系的基础上，俄罗斯政府公布了“三支柱”养老保险制度思路。第一支柱为国家养老保障，通过预算转移支付向无力缴费的特困老年群体支付固定金额的养老金；第二支柱为强制性的劳动养老保险，同时建立退休工人个人账户；第三支柱为自愿性个人养老储蓄。然而，由于 1998 年的金融危机，俄罗斯三支柱养老保险制度搁浅，实际还是按照现收现付制运行。2000 年普京出任总统后，开始对养老金体系进行一系列的改革，建立了部分积累制的养老保险体系，以应对人口老龄化。2002 年，俄罗斯政府开始面向企业征收费率为 35.6％的“统一社会保险税”，其中养老保险费率为 28.0％[①]。然而，进入 21 世纪后俄罗斯老龄化程度不断加深，根据国家统计局预测，到 2030 年俄罗斯老年人口抚养比将高达 51.5％，国家养老金赤字超过 GDP 的 8.0％[②]。俄罗斯政府要

① 高际香. 俄罗斯民生制度：重构与完善［M］. 北京：社会科学文献出版社，2014：76－97.

② 王铎. 俄罗斯养老保障制度问题及对策研究［J］. 劳动保障世界，2018（27）：16－17.

想保持养老金收支平衡举步维艰，而普京又拒绝通过提高退休年龄来缓解养老金压力[①]。因此，建立一支为应对支付危机的养老储备基金成了俄罗斯政府的一个可行选择。2007 年，普京提出将石油天然气收入分为三个部分：一部分用于建立“储备基金”，以确保在国际市场能源价格严重下跌时俄罗斯经济风险最小化；一部分石油天然气收入计入联邦财政用于完成大型的社会规划；一部分用于建立未来基金来改善后代及当代人的福利[②]。2007 年 12 月，俄罗斯政府颁布《关于石油天然气收入的支付和使用规定》，并于 2008 年 2 月正式将稳定基金拆分为储备基金和国家福利基金（NWF）。国家福利基金的主要作用是补充养老金体系、改善老年人口生活，同时也未雨绸缪，为应对俄罗斯的老龄化危机做长期准备[③]。从 2008 年开始，俄罗斯的石油天然气收入首先计入联邦财政（2008 年确定为 GDP 的 6.1%，此后每年不同），完成这一支付后计入“储备基金”，当储备基金达到 GDP 10.0%后，剩余收入计入国家福利基金[④]。表 3－11 列出了俄罗斯 NWF 运营过程中的关键事件。

表 3－11　俄罗斯国家福利基金运营过程中的关键事件

事件	时间	说明
第一次资金划入	2008 年 1 月 30 日	约 7828 亿卢布
第一笔投资收益入账	2009 年 1 月 20 日	约 925 亿卢布
第一次将资金配置到俄罗斯经济中维持经济稳定	2009 年 1 月 29 日	
第一次资金支出	2010 年 4 月 29 日	仅用于资助公民资源养老储蓄

俄罗斯 NWF 由俄罗斯政府负责管理，俄罗斯银行负责运营。与“储备基金”不同，俄罗斯建立国家福利基金的初衷是在资金保值增值的基础上获得更高的投资回报。因此，基金的投资战略更具风险性，例如不限制国外政府债券的投资比例。但次贷危机爆发后，俄罗斯 NWF 的投资又趋于保守，投资收益率远低于 6.5%～7.0%的目标收益率。

---

① 直到 2016 年普京才签署《关于对俄联邦某些法律中特定类别公民退休年龄的修改》的法案。

② 郑秉文. 养老金发展报告（2018）：主权养老基金的功能与发展［M］. 北京：经济管理出版社，2018：176.

③ 刘盛. 俄罗斯主权财富基金：投资策略及其在应对金融危机中的角色［D］. 上海：复旦大学，2014：38.

④ 郑秉文. 养老金发展报告（2018）：主权养老基金的功能与发展［M］. 北京：经济管理出版社，2018：177.

2008 年 1 月 30 日，第一笔 7828 亿卢布资金划入俄罗斯 NWF，约占当年 GDP 的 1.9%。但由于受到金融危机的影响，2009 年未能有石油天然气收入入账。此后，基金收入主要来源于基金自身的管理收入。俄罗斯 NWF 大部分被规定为外汇，其最大的资金量出现在 2009 年 2 月份，如图 3-11 所示，名义量达到 29955.1 亿卢布，占到 GDP 总量的 7.7%。在整个资金运作的十多年间，投资名义收益率低于这一时期的通胀水平，整体上存在贬值倾向[①]。实际上，俄罗斯 NWF 最初的目标是保证养老系统的稳定，但这一目标一直未能实现。

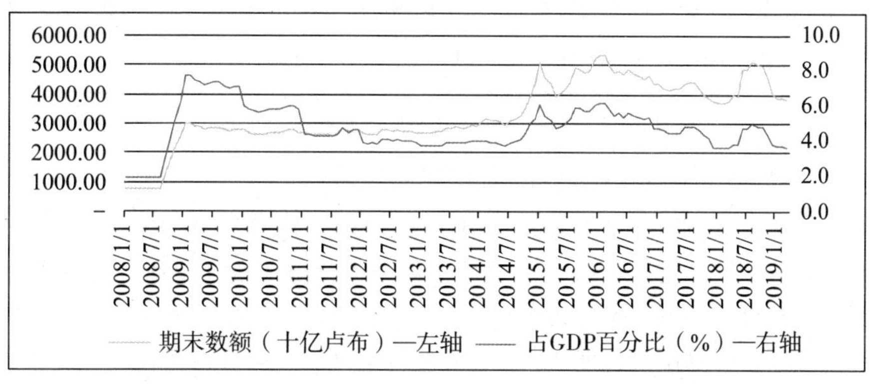

图 3-11 俄罗斯国家福利基金总量及占 GDP 比重

资料来源：俄罗斯财政部网站，https://www.minfin.ru/。

3.2.7 中国全国社会保障基金发展历程

2000 年 8 月中国全国社会保障基金（NSSF）成立，同时设立的全国社会保障基金理事会负责基金的投资运营管理。如图 3-12 所示，基金从 200 亿元资本金起步，到 2019 年基金资产规模已达到 2.6 万亿元，增加了 100 多倍；基金的累计投资收益超过 1.2 万亿元人民币，年均名义收益率为 8.14%。

---

① 刘盛. 俄罗斯主权财富基金：投资策略及其在应对金融危机中的角色 [D]. 上海：复旦大学，2014：54.

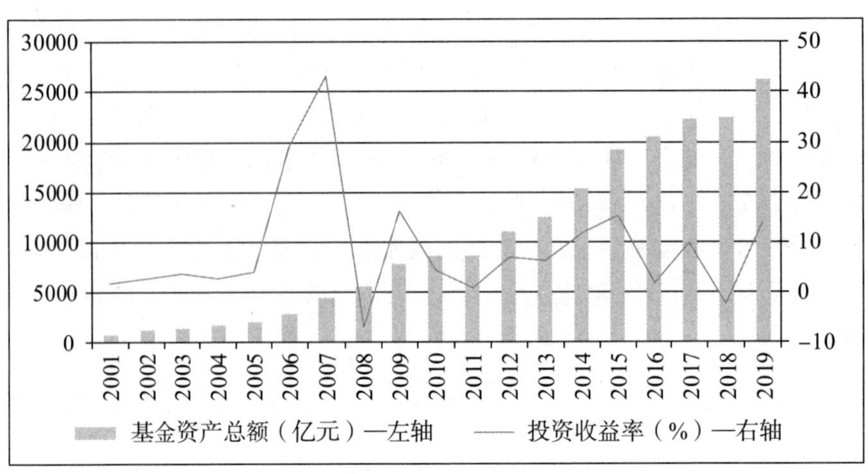

图 3-12　全国社会保障基金历年资产与收益率变动

资料来源：全国社会保障基金理事会社保基金年度报告（2001—2019）。

全国社会保障基金理事会是全国社保基金的投资管理机构，2018 年之前属于国务院直属机构，2018 年机构改革后调整为由财政部管理，同时作为基金投资运营机构不再明确行政级别。自 2000 年成立以来，全国社保基金理事会完全按照事业单位来管理，运行经费实行全额财政拨款。目前，全国社保基金形成了一套成熟的投资方式，已成为目前我国最成熟的大型机构投资者之一。

自成立以来，该基金形成多种投资模式。现有的投资模式包括直接投资、境内委托投资、境外委托投资等。直接投资方面 NSSF 主要通过参股重要的金融企业获得长期收益，同时还投资于国家一些重大建设项目和重点发展产业。一方面，直接股权投资为基金带来了较为丰厚的利润。另一方面，通过参与国内重大项目建设，有利于国内经济的长期稳定发展。如图 3-13 所示，NSSF 的委托投资主要用于境内外证券市场投资。全国社保基金理事会将委托资产分配为不同风险偏好的投资组合，通过选择专业的代理机构执行证券投资业务，投资管理人的投资活动完全按照市场原则独立进行。现有境内委托投资组合中包括有债券型、稳健型、风险型等多种类型，分别由不同的基金公司进行管理。境外委托投资组合也主要投资于海外资本市场，包括不动产、本币债、全球股票等多个投资工具[①]。

① 陈加旭．中国养老基金投资行为研究［M］．成都：西南财经大学出版社，2016：121.

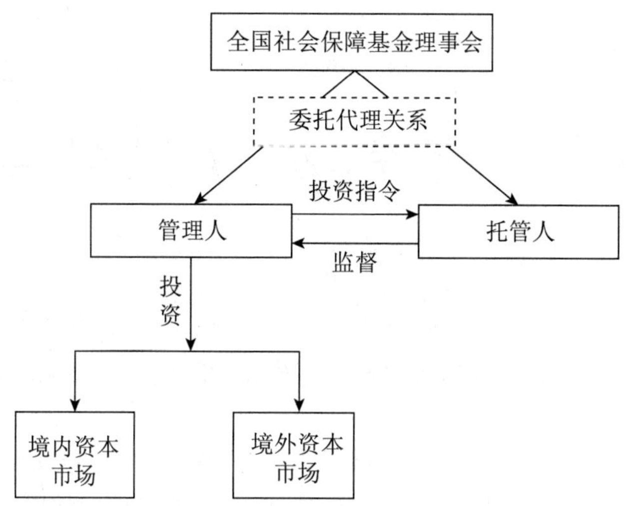

图 3－13　全国社会保障基金委托投资模式

第 4 章　主权养老基金治理结构研究

基金治理结构是从公司治理结构引申过来的，包括内部治理和外部治理，是防止基金道德风险的一整套内外部制度安排。基金治理结构的优劣存在多重评价标准，基金业绩表现的最优化并不一定与治理结构完全相关，但治理结构至少应保证基金持有人的利益不被投资管理方侵害。越来越多的证据表明良好的治理结构可以降低风险并增加基金投资回报①。基金的治理模式通常建立在明确的职责分配及有效的控制和监督系统之上。对主权养老基金而言，一个良好的治理结构有助于基金正确而合理的战略定位并进行有效的资源配置，从而改进基金的投资绩效②。

4.1　主权养老基金治理的一般性准则

为了完成自身的使命，主权养老基金需要合理设计其治理结构。主权养老基金的治理结构包括基金管理和投资运营过程的决策机制、管理流程、风险管理措施、监督制度以及信息披露等一系列权利和义务的安排。主权养老基金治理的核心问题就是如何保持基金的独立性，尽可能地避免不适当的行政干预③。当主权养老基金的管理权利与责任、收益与风险出现不对等时，基金的决策过程将产生扭曲并对基金的投资管理活动产生长期的负面影响。由于治理不善，公共养老基金的投资表现参差不齐，许多基金在很长一段时间内获得负

---

① STEWART F，YERMO J. Options to improve the governance and investment of Japan's government pension investment fund[EB/OL].（2010－12－03）[2020－10－10]. https://www.oecd.org/daf/fin/private-pensions/46798132.pdf. DOI：10.2139/ssrn.1730175.

② 齐传钧. 主权养老基金治理难题探析：基于剩余索取权人利益最大化的视角［J］. 社会保障研究，2019（2）：21－29.

③ 郑秉文. 养老金发展报告（2018）：主权养老基金的功能与发展［M］. 北京：经济管理出版社，2018：67.

实际利率的回报。因此，主权养老基金治理中需要解决或明确以下问题：基金管理的责任主体和具体需要承担的责任、基金管理机构的成员、管理层和决策层的责任划分、基金投资运营过程所能承受的风险、基金重大投资决策的决策者、基金内外部投资管理人的聘用方式等。根据上述问题，主权养老基金的治理问题至少涉及以下几方面的内容：①明确目标和各时期的具体任务，包括长期和短期收益率目标、最大风险水平，这是制定投资政策的基础。②任命基金受托人并确认其职责。主权养老基金由政府发起，资金来源于资源收益、财政收入等公共资金，而拥有所有权的纳税人或公民由于广为分散，不可能对主权养老基金的实际运营进行直接控制，只能通过代表公民利益的政府或其代理机构开展投资运营业务。因此，基金在本质上要求受托机构具备独立的投资决策权。同时，受托人的责任范围还需要进行明确，当受托人行为与责任不明确时，投资决策过程可能转变为权力和影响力的相互竞争。受托人的职责主要包括：制定基金的战略投资方向及投资政策、批准投资计划、确定基金的风险容忍度、建立有效的问责机制等①。③专门委员会的设立与责任认定。在管理主权养老基金的过程中，会涉及多个主体，如投资管理部门、受托人、执行部门等，因此，需要对各主体的角色加以明确并且构建不同部门之间的制衡和有效问责机制，以便发挥各个主体在不同环节的专业特长。一般情况下，受托人主要承担战略层面的决策与监督职责，执行委员会和投资部门接受受托人的监督，并承担具体的投资业务职责。④基金的透明度。其包括基金的信息披露制度、中介机构的独立性、外部监督措施等②。与公司治理和私人养老基金治理相比，主权养老基金治理存在着较大差异和特殊性。

4.1.1　独立的决策机构

保证充分的独立性以排除不当的行政干预是主权养老基金治理的关键问题。主权养老基金由政府建立，政府极可能会通过直接（法规）或间接的方式对基金董事会成员和管理人员施加影响来左右其决策。因此，需要额外的保障措施来更好地避免这样的影响。一般来讲，可以建立内部和外部治理机制以及投资控制措施。OECD 认为，养老基金的管理机构是治理的关键机构，其理事机构是基金的中央战略决策机构。理事机构的主要职能是批准基金的投资政

---

① GORDON L C，ROGER U. Best-practice pension fund governance [J]. Asset management，2008，9 (1)：2-21.

② 熊军. 养老基金投资管理 [M]. 北京：经济科学出版社，2014：29-30.

策，尤其是战略资产配置，并监督基金的执行人员遵守相关法规[①]。因此，一个强有力的董事会能使基金尽量远离行政干预。虽然主权养老基金的管理机构可能是政府部门，但设立一个能够明确为基金建立投资计划的董事会是预防行政干预的最好手段，特别是当政府部门负责管理基金计划时，这显得尤为重要。除了一些小型的基金（分离管理的成本较高）或只能投资于国内政府债券的基金（不需要单独实体）外，建立一个自主管理的运作实体是最理想的选择。这种分离模式往往比直接由政府或社会保障机构直接控制的综合模式更具有优势[②]。通常，确保基金治理主体的独立性可以从以下几方面入手：第一，战略资产配置等关键决策应由与政府或社保机构保持一定距离的自治实体决定；第二，治理主体不负责基金的供款和福利支出，并应确定基金投资目标不包含其他政策目标；第三，增强机构的透明度和确立明确的问责机制，以提高基金董事会行动的可见度；第四，采用与行政机构不同的薪金制度以吸引专业的投资管理人员。

4.1.2 专业的董事会成员

主权养老基金比一般的公司或私人养老基金具有更复杂的授权与委托模式。在一般的公司中，董事会虽然未必由主要股东组成，但股东会在一定程度上对董事会的尽职情况做出判断，并通过股东大会更换不尽职的董事会，如果更换无效则会采取“用脚投票”的方式撤资走人[③]。但在主权养老基金中，具有剩余索取权的是一国的所有纳税人，他们即使对主权养老基金的经营有所不满，也无法进行投票表决和选择退出。对董事会不尽职行为的纠正只能借助于其他机制。主权养老基金的委托授权结构见图 4－1。

① The Organisation for Economic Co－operation and Development. OECD guidelines for pension fund governance [R]. Paris：OECD，2009.

② STEWART F，YERMO J. Options to improve the governance and investment of Japan′s government pension investment fund[EB/OL].（2010－12－03）[2020－10－10]. https://www.oecd.org/daf/fin/private－pensions/46798132.pdf. DOI：10.2139/ssrn.1730175.

③ 郑秉文．挑战主权财富基金：“主权养老基金”的前世今生 [N]．中国证券报，2008－01－14（A08）．

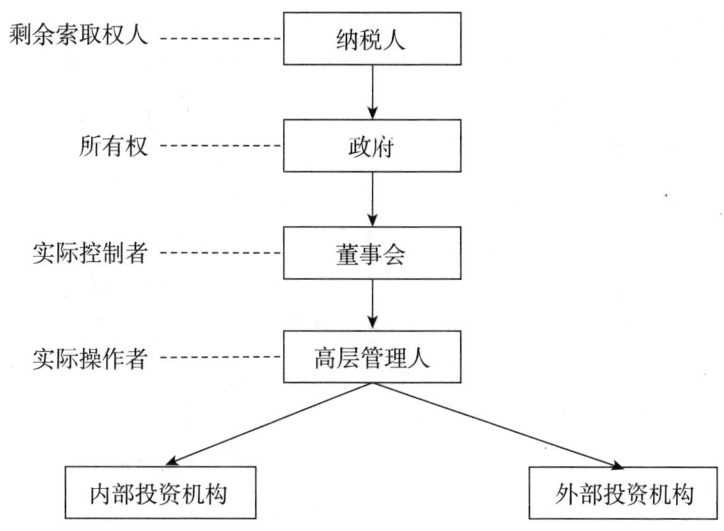

图 4—1　主权养老基金的委托授权结构

作为养老基金的最终权力机构，理事机构的组成是基金投资绩效的首要决定因素。一个经验丰富、运作良好的董事会将能确保适当的监督、激励和控制机制的运行，以实现基金的目标。OECD 的养老基金治理原则提出，养老基金理事会成员应遵守最低适用性（或不适用性）的标准，以确保养老基金治理的高度诚信、能力和专业精神①。董事会还应掌握必要的投资技能和知识以确保能够履行监督职能和合理的授权。虽然并不要求所有董事会成员都是财务专家，但至少董事会团体应该具备这种能力。鉴于受到行政干预的可能性比其他基金更大，因此在选择和任命董事会成员的时候，应该特别注意相关利益代表的组成，以及成员的选拔、提名程序。虽然有时经由政府直接任命的董事会成员也代表非政府利益，但政府对其提名的程序很可能限制其履行职能的能力。在解决这一问题时，新西兰政府首先建立一个专家提名委员会，该委员会通过透明的招聘过程来选拔监管人委员会的成员。此外，理事会的规模也应反映基金的性质和范围，如果规模过大则可能妨碍有效决策。

4.1.3　明晰的权责分工

无论是在 OECD、IOPS（国际养老金监督官组织），还是国际社会保障协会的治理准则，都将“适当划分运营和监督责任”列为重要的治理原则。实践

① The Organisation for Economic Co－operation and Development. OECD guidelines for pension fund governance [R]. Paris: OECD, 2009.

中有的基金理事会往往会过度参与微观投资管理，但由于缺乏必要的执行和运营能力，往往会限制基金的投资效率。行政机构的组成和组织结构对于分配基金资源非常重要，在执行机构中，首席执行官（CEO）和首席投资官（CIO）这两个角色最为关键，许多大型养老基金都明确地将这两个角色与董事会分开。例如，加拿大养老基金投资公司（CPPIB）拥有一个董事会和一个由首席执行官领导的执行团队，还包括一名首席信息官、首席财务官和首席运营官。为了进一步澄清监督和业务角色之间的区别，国际养老金监督官组织（IOPS）建议建立一个投资委员会来评估和决定包括外部经理的选择和监督等基金的日常投资业务，董事会则负责从战略角度制定政策和资产配置方案①。投资委员会在大多数主权养老基金中发挥核心作用，它向董事会提供有关投资政策和基金业绩的建议。董事会的部分代表也参加投资委员会，以便两者之间建立联系并顺利沟通。例如，一些基金的董事会主席通常也是投资委员会的成员。

4.1.4 明确的绩效评估和风险管理政策

主权养老基金的治理结构中通常还包括三个机构：一是独立的外部审计。独立的绩效评估通常会带来更好的投资政策。二是内部审计委员会。除了独立的外部审计外，各治理准则也都建议成立内部审计委员会负责监督财务报告、信息系统和内部控制政策。三是基金治理委员会。基金治理委员会通过这些行为准则对基金进行定期治理评估。OECD 关于养老基金治理的准则中还强调养老储备基金应有适当的沟通和激励机制以鼓励作出正确、适当和及时的决策。

4.1.5 严格的信息披露制度

规模逐步扩大的主权养老基金对资本市场和金融体系的影响是巨大的。因此，需要制定明确的基准并公开相关信息，通过制定合理程序来应对社会的各种反应，接受社会的监督。主权养老基金定期的信息披露应包括投资政策、治理结构、行为准则、财务状况、管理费用、独立审计等问题。同时，遵循国际最佳实践，如 CFA 全球投资业绩基准，或制定与市场基准相关的比较政策。

---

① 熊军，季宇. 重视养老基金治理的基础性作用［J］. 中国金融，2013（18）：54－56.

4.2　主权养老基金内外部治理实践比较

4.2.1　内部治理结构

1. 挪威政府全球养老基金

根据挪威《国家养老金法案》，挪威财政部是议会授权的挪威政府全球养老基金的管理机构，负责基金的全面管理（如图 4－2 所示）。挪威财政部的职责主要有：制定投资目标、投资基准、战略资产配置等相关政策；对执行机构进行监督；评估管理业绩，并定期向议会报告。挪威银行作为执行机构，主要职责包括：独立进行投资决策，按照管理协议及相关法律要求运营基金资产，向财政部提交季度和年度报告，就基金投资战略向财政部提出建议。财政部与挪威银行每个季度至少举行一次会议，就投资运营相关问题进行商讨。为了客观评价基金的运营业绩，财政部还聘请第三方机构对基金投资业绩进行评估。挪威银行则每年举办新闻发布会对基金投资业绩进行解释，并将基金业绩的详细报告向全社会公布。挪威银行执行委员会将基金的运营管理委托给挪威银行投资管理部（Norges Bank Investment Management）。

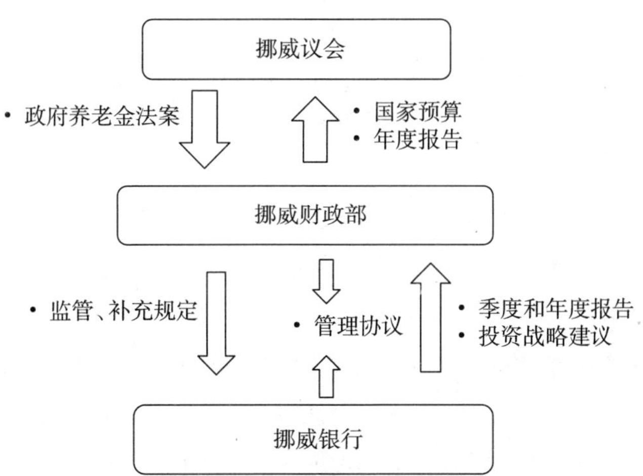

图 4－2　挪威政府全球养老基金治理参与机构

资料来源：挪威银行投资管理部网站，https://www.nbim.no/en/organisation/governance－model/。

挪威银行的执行委员会是挪威银行投资管理部的最高管理机构。它的 8 名成员由国王在议会任命。挪威银行行长为主席，副行长为第一副主席和第二副主席。执行委员会通过风险管理原则建立基金的一般风险管理框架。挪威银行投资管理部是一个专业的跨国资产管理部门，具体的职能为：执行投资政策，进行基金的主动管理；制定额外的风险限制，以补充风险管理的原则；接受议会、财政部和执行委员会的监督。挪威银行投资管理部的首席执行官全面负责实施执行委员会制定的要求。首席执行官制定政策并将授权和职务描述委托给挪威银行投资管理的领导小组。领导小组负责根据 CEO 定义的要求以及风险管理和合规领域定义的框架要求，实施挪威银行投资管理流程。领导小组制定指导方针，职务说明和代表委托。

2. 新西兰超级年金基金

根据《新西兰年金养老金法案》，新西兰政府设立专门的管理机构——新西兰超级年金基金监管人（Guardians of New Zealand Superannuation）运营新西兰超级年金基金。如图 4－3 所示，超级年金基金监管人是基金管理的责任主体，它既是政府实体，也是一个永久存续的法人机构。

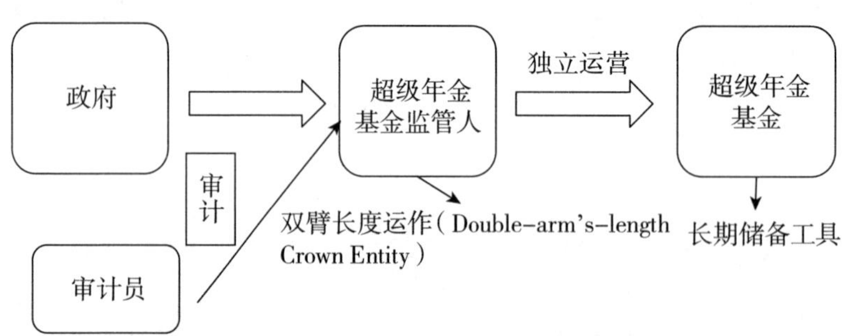

图 4－3　新西兰超级年金基金管理框架

资料来源：新西兰超级年金基金网站，https://www.nzsuperfund.co.nz/nz－super－fund－explained/governance。

作为一个自治的实体，监管人在法律上与政府分开。这意味着，虽然监管人仍然对政府负责，但在投资决策方面独立运营，由独立董事会监督。监管人的首要责任是在审慎的商业基础上投资基金。它负责制定投资政策、业绩标准，选择和任命投资管理人、托管人，向政府和社会报告基金运营状况。超级年金基金监管人的最高决策机构是董事会，董事会成员由总督根据财政部部长的建议任命。部长的建议是在委员会独立提名并与议会其他政党代表协商后提出的。董事会由 5～7 名成员组成，董事会成员需要具备专业的金融投资知识背景和实际投资操作经验。超级年金基金监管人对董事会和管理层的职责有明确的划分。董事会负责审议并批准基金的战略计划和年度报告，建立参照组合管理基金风险，制定风险政策，审批各类增值管理战略等。而管理层须向董事会提供关于加强董事会、管理层以及执行部门问责机制的 20 多种报告。财政部部长可以向监管人发出政府对基金业绩预期的指示。但只有在指示符合审慎原则时，监管人才须考虑。而监管人要受到财政部的持续监督以及审计员代表的定期审查，以确定监管人的表现是否有效或高效。该审查每五年一次，审查的条款由财政部部长制定，财政部部长也任命独立人员进行审查，并将报告提交给议会。

3. 法国养老储备基金

法国养老储备基金根据独立性、透明性和多方参与性等原则建立管理机构。法国储备基金监管委员会（The Supervisory Board）是养老储备金的受托管理机构，依据《社会保障财务法》和《社会保障法》等相关法律设立。基金治理主要参与部门如图 4－4 所示。

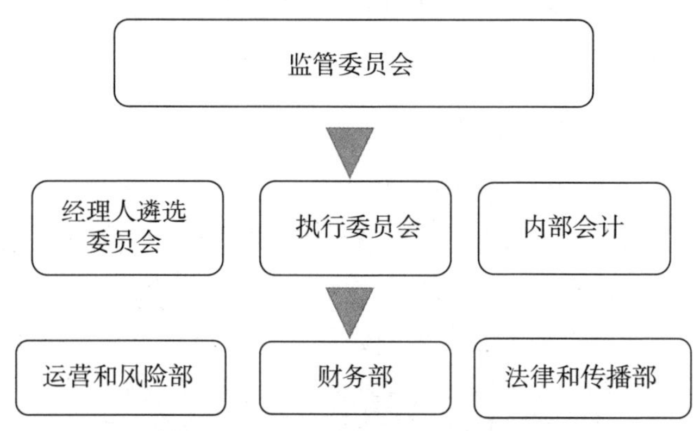

图 4－4　法国养老储备基金治理框架

资料来源：法国养老储备基金网站，http://www. fondsdereserve. fr/en/organisation。

其中，监管委员会目前由 20 位成员组成，包括立法者（国会议员 2 人、参议院 2 人）、养老金受益人代表（5 人）、雇主和自营职业者代表（5 人）、政府行政部门代表（4 人，1 人来自经济部，1 人来自预算部，2 人来自社会保障部）、在其相关领域具有公认资格的个人（2 人）。监督委员会主席依法从其成员中任命。监管委员会的职责包括：根据执行委员会的建议，按照基金目标和时限以及依据审慎人和风险分散原则，确定基金资产的一般投资方向；任命基金的独立审计员，审计基金的业绩；批准基金的年度财务报表；编制基金管理年度报告，以便公开披露。

执行委员会负责基金的顺利运作。它是投资政策及准则的执行者，并定期向监督委员会报告其对基金的管理情况，特别是投资政策指导方针中关于社会、环境和道德的信息。执行委员会有 3 名成员，由法国信托投资局首席执行官担任主席。执行委员会的职责包括：起草 FRR 中使用的规范；任命资产管理委员会成员；选择第三方投资组合管理公司来管理基金资产；代表基金订立协议并监督其执行情况；准备基金的行政和投资管理预算，并行使行政管理权；实施 FRR 的预算；将 FRR 的财务报表提交监事会批准；招聘和监督机构人员；确定基金的内部运营政策和程序（与监事会有关的政策和程序除外）。有时，为了减少基金投资的风险，执行委员会可能会偏离监督委员会制定的最新准则，但执行委员会需向监督委员会通报。根据《法国社会保障法》第 R135-27 条规定，基金于 2003 年 7 月成立了一个基金管理人遴选委员会，协助执行委员会审查投资管理公司。委员会由 1 名主席和 4 名具有专业资格的人员组成，由执行委员会任命。基金管理人遴选委员会完全独立，审慎管理申请人。其成员遵守符合其职责的道德准则。执行委员会下设财务部、运营风险部和服务部。

4. 澳大利亚未来基金

《未来基金法案》将未来基金监管委员会确立为澳大利亚未来基金的受托管理机构，负责基金的运营管理，在基金资产上向政府负责。未来基金监管委员会是一个独立于政府的永久存续的法人实体，具有独立的投资决策权，在投资决策上采取集体负责制。未来基金监管委员会与政府建立基金投资委托关系，委员会成员由 1 名主席和 6 名委员组成，由财政部部长任命，委员每届任期不得超过 5 年。未来基金监管委员会的主要职责是制定基金的投资战略、投资基准、业绩评价标准、风险管理等政策并向社会公布。监管委员会下设的基金管理局是基金投资运营的具体执行机构。它的专业化、市场化程度较高，主要职责包括：为监管委员会制定投资政策提供建议，推荐外部投资管理人，监督并报告投资组合业绩，监督外部投资管理人，管理基金的财务报告，提供风险管理与合规管理框架。

为了保证监管委员会及其执行机构的独立性，避免政府部门的不恰当干预，法律规定监管委员会及其执行机构的运行费用从未来基金资产中列支，未来基金的投资渠道不受限制[1]。

5. 智利养老储备基金

与上述几国一致，智利养老储备基金的治理框架也是旨在促进决策制定、提高绩效、执行监督与管理。为了实现所有权和管理权的充分分离，智利政府法令允许基金管理中实行问责制并独立经营性。如图 4－5 所示，智利养老储备基金的管理实体包括财政部及其附属机构、财政委员会、智利中央银行、外部投资组合经理、国库和托管人。

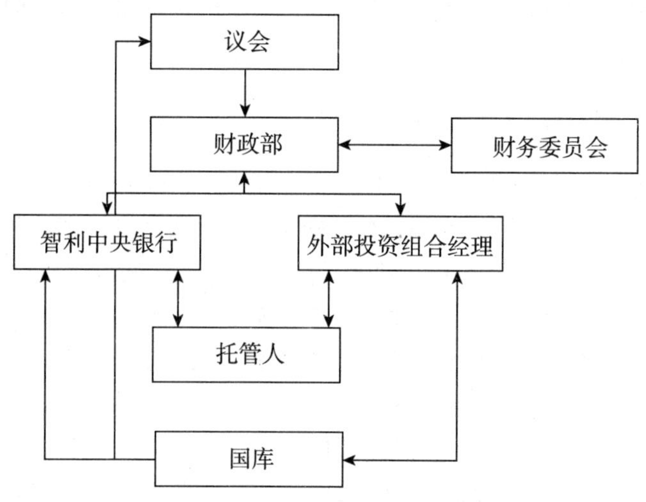

图 4－5　智利养老储备基金治理框架

资料来源：智利财政部网站，http://www.hacienda.gov.cl/english/sovereign－wealth－funds.html。

《财政责任法》规定智利财政部（GTC）拥有资源的法定所有权，是智利两个主权财富基金的财产所有者。该法授权财政部部长管理养老储备基金，并授予财政部部长权力，决定基金投资的运营管理的方式，如委托中央银行（CBC）或其他外部管理人员。此外，财政部下设专职部门，以支持与投资基金有关的活动。该部门的职能包括监测基金经理的业绩，担任财务委员会的技术秘书，并向全国代表大会和公众提交月度、季度和年度报告。GTC 负责基金会计、编制经审计的财务报表以及监督投资限额的合规性。财务委员会是一个外部咨询委员会，其成员在经济和金融领域拥有丰富的经验。财务委员会的

① 熊军．养老基金投资管理［M］．北京：经济科学出版社，2014：51.

主要职能和权力包括：应财政部部长的要求，就基金的长期投资政策、投标流程、基金经理的选择、报告内容等提供建议。除此以外，还包括评估财政部编制的季度报告，并就其他基金投资有关的事项向财政部部长提供建议。智利中央银行受财政部委托具体实施基金的投资管理活动。根据法令，智利中央银行履行的职责有：管理投资组合，选择投资组合外部管理者，开立单独的往来账户，保存交易和其他操作的登记簿，管理托管机构的服务承包合同，监督和评估中央银行指定托管机构和外部管理人员的绩效，编制季度和年度报告。根据智利财政部的指示，智利中央银行与摩根大通银行（J. P. Morgan）签约，担任养老储备基金的国际托管人。J. P. Morgan 还负责计算基金的回报，报告投资组合及其风险，监控投资限额的合规性，以及执行其他中间职能。

6. 爱尔兰战略投资基金

2001 年爱尔兰政府依据联邦议会通过的《国家养老储备基金法》建立了爱尔兰国家养老储备基金（NPRF）[①]。国家养老储备基金理事会是养老储备基金的受托机构。该理事会由 7 人组成（1 名主席和 6 名成员），成员由财政部部长任命，任期 3～5 年。《国家养老金储备基金法》规定，理事会成员必须是相关领域的专业人员。理事会的职能包括：根据其法定投资政策制定养老储备基金的投资战略，确保可接受风险水平下的最佳收益率水平。养老储备基金理事会委托爱尔兰公债管理局作为基金的执行机构，行使基金投资运营职能。运营 13 年后，基金转变为爱尔兰战略投资基金，转变后基金的主要目标除获得长期回报外，还支持爱尔兰在经济、就业等方面的活动。如图 4－6 所示，根据 2014 年《国家财政管理局修订法案》，爱尔兰战略投资基金的所有人是财政部，爱尔兰公债管理局（NTMA）是战略投资基金的实际控制人和经理，公债管理局负责确定基金资产的投资战略并监督投资的实施情况。该机构由 9 名成员组成，其中主席和 6 名成员由财政部部长任命，另外 2 名是 NTMA 的行政长官以及财政、公共支出改革部的秘书长。NTMA 设立了 4 个委员会（审计与风险委员会、投资委员会、薪酬委员会和战略委员会）来协助履行其职责，每个委员会都有正式的职权范围。

---

① 林义，何沛. OECD 国家公职人员差异化养老保险制度的经验［J］. 行政管理改革，2015（5）：29－33.

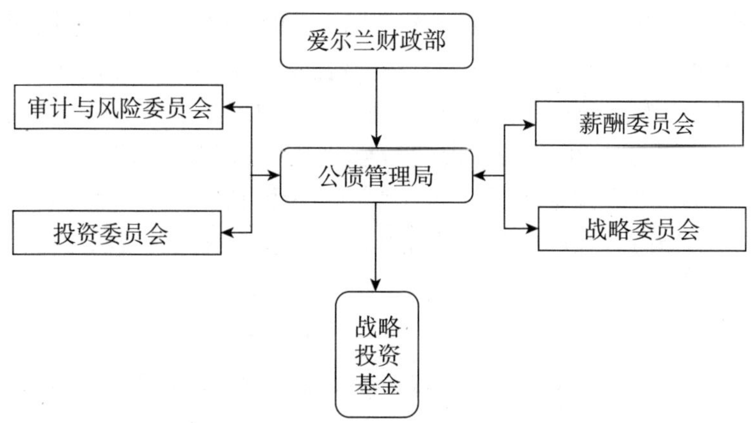

图 4—6　爱尔兰战略投资基金内部治理结构

7. 俄罗斯国家福利基金

根据俄罗斯预算法，俄罗斯联邦政府授权俄罗斯财政部对国家福利基金进行管理，基金的投资运作实际由俄罗斯中央银行负责。俄罗斯财政部主要负责确认基金的管理程序以及基金的外汇结构分配、比重、期限的确定①。实际的外汇核算由财政部国际金融、国债及国家金融资产处负责。财政部部长对基金负有监督权。俄罗斯财政部与俄罗斯央行签订基金管理合同，央行设立专门的账户对基金进行投资操作，俄罗斯央行按照一定的利率对基金的使用支付利息②。俄罗斯财政部向联邦政府提供季度和年度报表。季度报表中包括基金外汇账户的现有外汇数量及核算利率、所投资国债券的名称、基本情况和收入。年度报表中应提供资金核算的账户余额、当年支付的利息情况以及投资不同国家债券的年收益情况等。

4.2.2　外部治理结构

1. 信息披露制度

董事会与各个专门委员会构成了主权养老基金的核心治理机制，但这些机

① 刘盛. 俄罗斯主权财富基金：投资策略及其在应对金融危机中的角色 [D]. 上海：复旦大学，2014：21.

② 戴利研. 资源型主权财富基金运营模式研究：以挪威和俄罗斯主权财富基金为例 [J]. 世界经济与政治论坛，2012 (6)：35—44.

制要想很好地发挥作用，还需要一个良好公正的环境和强有力的制度保障①。完善的信息披露制度是主权养老基金接受监督的重要方式，也是减少政府与董事会、专业投资机构之间多重信息不对称的重要手段。在主权财富基金研究所（SWF Institute）进行的Linaburg－Maduell透明度指数评估中，5个主权养老基金透明度都得到了满分10分，爱尔兰战略投资基金8分。而中国全国社会保障基金仅得5分，表明中国全国社会保障基金的信息披露制度还需要逐步健全。

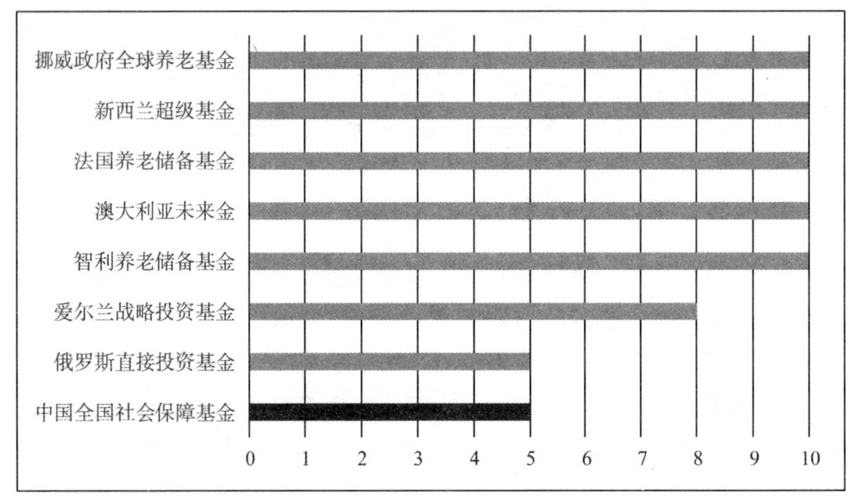

图 4－7　部分主权养老基金 Linaburg－Maduell 透明度指数（LMTI）

资料来源：主权财富基金研究所，Sovereign Wealth Fund Institute。

2. 外部中介机构

由于社会公众没有足够的经济利益和专业能力去亲自审查基金的运营状况，主权养老基金在客观上就需要外部中介机构的参与。外部中介机构的主要作用是保证信息披露的真实性和准确性。外部中介机构一方面可以为基金的投资机会及质量提供独立证明，有助于投资的合理性；另一方面对基金的财务信息进行处理和分析以有效监督和规范投资机构行为，为利益相关者提供监督信息。中介机构发挥作用的前提是保证其独立性。治理结构良好的主权养老基金一般都聘用外部投资咨询机构和独立审计机构来对基金运营提供建议和进行监

① 郑秉文．养老金发展报告（2018）：主权养老基金的功能与发展［M］．北京：经济管理出版社，2018：65.

督。如表 4—1 所示，新西兰、法国等国通过政府聘用或招标独立审计机构对基金财务报告进行审计，智利建立财务委员会为基金投资管理活动提供建议和报告评估。

表 4—1　主权养老基金的外部中介机构

类别	外部中介机构	职责	聘请方式
新西兰超级年金基金	安永会计师事务所	财务报告审计	新西兰审计长
澳大利亚未来基金	澳大利亚国家审计署（ANAO）	未来基金管理机构和监护人委员会的财务报表	议会
法国养老储备基金	审计机构	财务报告审计	外部招标
	经理人遴选委员会	外部投资机构进行遴选咨询	外部独立
智利养老储备基金	财务委员会	投资建议、合规性审查、财务报告评估	财政部设立
	国富浩华（Crowe Horwath）会计师事务所	财务报告设计	外部聘请
挪威政府全球养老基金	独立审计师	财务报告	国家授权
爱尔兰养老储备基金	毕马威会计师事务所	财务报告	招标
中国全国社会保障基金	外部审计	财务报告	—

资料来源：笔者根据各国养老基金年度报告整理而得。

4.2.3　各基金治理实践的主要特点

将各国的治理实践与主权养老基金的投资原则进行比较，可以得出目前主权养老基金治理的主要特点。

1. 立法先行，法制健全

明确的法律是治理水平高低的重要基础。欧美各国主权养老基金的设立都有专门的法律作为依据，各国的立法中都明确了基金的性质和来源，规定了基金的管理结构、运作模式和机构职责，也清楚地表述了基金的投资规则和风险防控措施等。受托、运营、外部中介等机构的独立性也都在各自的法律中有准确的依据。

2. 受托机构具有独立决策权

西方发达国家在公共养老基金投资实践中总结出一条重要教训：政府对基金的过度干预往往造成基金管理中的权责不清，从而导致其投资绩效的低下。设立主权养老基金的各国都赋予受托管理机构独立的投资决策权，尽可能地避免政府对投资决策和具体投资运作的直接干预[①]。澳大利亚、新西兰、法国、挪威等国在保证受托机构独立性的同时，在投资管理中还采用“审慎人”原则，赋予投资管理机构更大的自主权，在投资渠道上不做过多限制或者进行原则性的指导，这也与其资本市场的成熟度、投资机构丰富的投资管理经验有关。

3. 保证理事会构成的专业性

高素质的理事会成员能够提高投资决策的专业化水平，有效控制投资风险[②]。各国在成立基金理事会时均对成员的专业性进行了明确的规定。如挪威要求理事会成员必须具有金融投资专业知识和实际操作经验；新西兰监管委员会的 7 名成员均在其他金融机构有过长期的任职，具有非常丰富的资产管理经验。

4. 严格的投资行为监管

基金受托机构一方面将部分投资操作职能委托给代理机构或外部投资管理人以增强投资管理的专业性和市场变化应对能力；一方面对基金的具体运作行为实施严格的监管，防范基金可能面临的各类系统性和非系统性风险。主权养老基金的监管职能主要包括投资运营是否符合投资政策、合理评估基金的投资绩效、聘用中介机构对基金的财务账目进行定期审计等[③]。虽然政府也在一定

① 唐艳，陈志国. 公共养老储备基金资产配置比较研究与启示：基于挪威、法国、爱尔兰、新西兰四国公共养老储备基金比较分析 [J]. 社会保障研究，2014 (3)：105－112.

② 熊军. 重视基金治理在养老基金投资运营中的基础性作用[EB/OL].(2015－06－29)[2020－10－11]. http://www.ssf.gov.cn/yjypz/201506/t20150629_6625.html.

③ 全国社保基金会. 国外养老储备基金的管理架构及其运作特点[EB/OL].(2005－06－08)[2020－10－11]. http://www.ssf.gov.cn/yljtzgl/201205/t20120509_5080.html.

程度上介入主权养老基金的监管，但其监管权力和范围都被明确地界定①。

4.3 主权养老基金治理完善度与效率评价

4.3.1 治理完善度分析

2008 年 4 月底，包括中国在内的 26 个拥有主权财富基金的国际货币基金组织成员国在主权财富基金国际工作小组（IWG）的推动下，经过多次讨论，协商制定出了《公认的原则与实践》（*Generally Accepted Principles and Practices*，GAPP，又称“圣地亚哥原则”），旨在反映主权财富基金投资目标与实践的行为准则。圣地亚哥原则于 2008 年 10 月发布，是目前关于主权财富基金治理准则的重要文件。圣地亚哥原则将主要目标设定为：确保主权财富基金基于经济、金融风险及回报进行投资；维持稳定的全球金融体系；建立适用于参加国的监管与信息披露标准；为主权财富基金建立一个健全而透明的治理结构，并要求基金提供在投资运营、风险管理和问责机制等方面的充分信息。圣地亚哥原则由 24 条原则和做法构成，主要包括三方面内容：第一，基金的目标、法律框架以及与宏观经济政策的协调方式，要求基金建立一个能够对投资计划进行有效约束的投资明确的投资政策；第二，基金的治理结构与投资管理框架，要求基金的所有者、治理机构与管理机构实现有效的功能分析，确保基金投资管理的独立性；第三，基金的风险管理框架，要求建立一个可以促进良好投资行为的风险管理制度，并建立有效的问责机制②。圣地亚哥原则是建立在自愿性基础上的一个行为准则，虽然 26 国均签署了这一原则，但并不是所有基金都遵守了这一准则。如表 4－2 所示，主权财富基金之间的合规性非常不均衡。独立的政治风险研究机构 GeoEconomica 制定了圣地亚哥原则合规指数，在评估中有 8 个基金获得了“A－”以上评级，表明完全符合圣地亚哥原则，其中 4 个主权养老基金在列；也有约有三分之一的主权财富基金部分或完全不符合圣地亚哥原则，俄罗斯国家福利基金获得了“B－”的评级。爱尔兰国家养老储备基金在 2014 年转为爱尔兰战略投资基金，因此没有评分。

① 王丽丽. 公共养老储备基金投资管理策略：国际比较与中国启示［D］. 成都：西南财经大学，2010.

② 游春. 圣地亚哥原则及其对我国主权财富基金发展的启示［J］. 武汉金融，2009（5）：33－35.

表 4-2 圣地亚哥合规指数（The Santiago Compliance Index）2014

合规状态	基金名称	评分
完全符合	东帝汶石油基金	A
	智利养老储备基金/稳定基金	A
	澳大利亚未来基金	A-
	新西兰超级年金基金	A-
	挪威政府全球养老基金	A-
	特立尼达和多巴哥共和国遗产与稳定基金	A-
	阿拉斯加永久基金	A-
	加拿大阿尔伯塔省遗产基金	A-
大致符合	阿塞拜疆国家石油基金会	B+
	南非普拉基金	B+
	尼日利亚主权投资局	B+
	哈萨克斯坦 JSC 国家投资公司	B
	韩国投资公司	B
	新加坡淡马锡控股	B
	俄罗斯储备/国家福利基金	B-
	安哥拉主权基金	B-
部分符合	中国投资有限责任公司	C+
	阿布扎比投资局	C+
	新加坡政府投资有限公司	C+
	马来西亚国库有限公司	C+
	伊朗国家发展基金	C+
	俄罗斯直接投资基金	C
	科威特投资局	C
	利比亚投资局	C
不符合	卡塔尔投资局	D
没有评分	爱尔兰国家养老储备基金	—
	哈萨克斯坦国家福利基金股份公司	—
	意大利战略基金	—
	墨西哥石油收入稳定基金	—

资料来源：GeoEconomica Investment Report 2014。

彼得森国际经济研究所（Peterson Institute for International Economics）对主权财富基金透明度和问责制进行了分析，并将主权财富基金与部分政府养老基金进行了对比。如表 4－3 所示，本节参照彼得森国际经济研究所（2016）的指标选出了 20 项与基金治理密切相关的指标对各基金的治理结构完善程度进行了评分。

表 4－3　主权养老基金治理结构完善程度评价表

事项	非常符合	部分符合	提及但没有落实	没有或完全不符合
目标陈述清晰	1	0.5	0.25	0
法律框架明确	1	0.5	0.25	0
投资策略	1	0.5	0.25	0
与政策相结合	1	0.5	0.25	0
与国际储备分开	1	0.5	0.25	0
政府角色清楚	1	0.5	0.25	0
管理机构职责明晰	1	0.5	0.25	0
管理者角色明晰	1	0.5	0.25	0
管理者独立决定	1	0.5	0.25	0
有内部道德标准	1	0.5	0.25	0
有投资基准	1	0.5	0.25	0
信用评级	1	0.5	0.25	0
年度报告	1	0.5	0.25	0
季度报告	1	0.5	0.25	0
定期审计	1	0.5	0.25	0
发布审计报告	1	0.5	0.25	0
独立审计	1	0.5	0.25	0
风险管理措施	1	0.5	0.25	0
投票政策清楚	1	0.5	0.25	0
对所有重要事件投票	1	0.5	0.25	0

资料来源：笔者整理。

评价结果如图 4－8 所示。

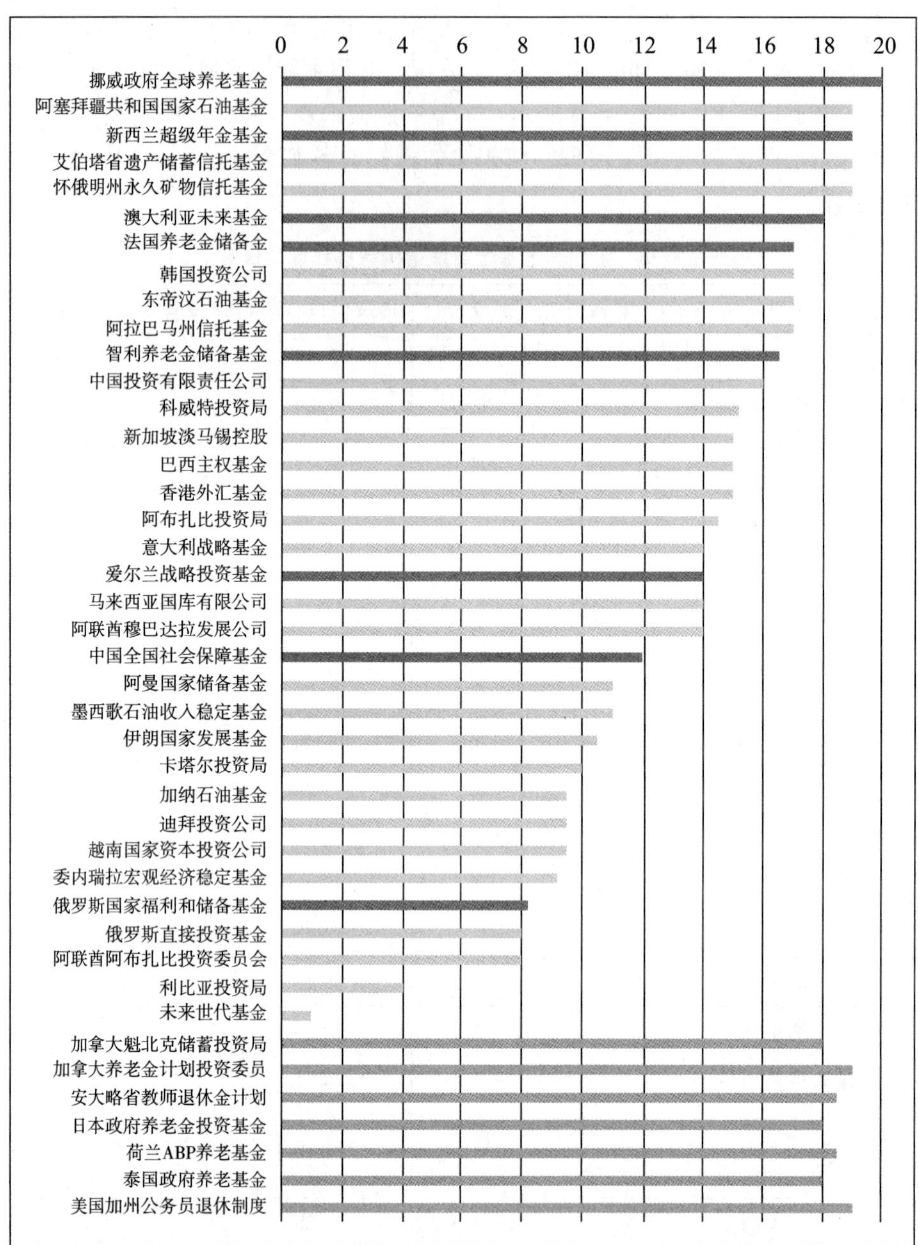

图 4－8　部分主权财富基金与政府养老基金治理结构评分

资料来源：笔者整理。

从图 4－8 看出，主权养老基金的治理完善程度评分总体上优于其他主权财富基金，但较一些治理结构优秀的政府养老基金要差。同时，8 个主权养老基金的治理完善度评分出现了一定的差距，挪威政府全球养老基金、新西兰超级年金基金、澳大利亚未来基金、法国养老储备基金得分在 17 分以上，智利养老储备基金、爱尔兰战略投资基金、中国全国社会保障基金得分分别为 16.5 分、14 分和 12 分，部分或大部分符合以上标准。俄罗斯国家福利基金得分为 8.25 分，治理结构有待完善。

总体而言，养老基金因其独特的政策目标，投资中容易获得所投资领域的认可，养老基金本身也容易主动公开其基本信息，因此总体完善程度要高于其他主权财富基金，运行上也更加稳固。

4.3.2　治理得分的宏观影响因素

从前面的分析中可以看出，主权养老基金的治理完善度和透明度得分存在不均衡的现象，圣地亚哥原则的践行也各有差异。由于不同主权养老基金来自经济、社会、政治环境各不相同的国家，本节将各国的宏观环境与基金治理得分相联系以分析主权养老基金背后的宏观制度影响因素。

1. 政府效率与基金治理指数

政府运行效率与基金治理完善度也高度相关。本节选用世界银行全球治理指数（Worldwide Governance Indicators）中的政府效率指标（Government Effectiveness）作为政府运行效率的代理指标。世界银行从公共服务质量、公务员素质、政策制定和实施的质量以及政府的政策承诺可信度等几个方面衡量政府效率，并进行评分。如表 4－4 所示，通过比较发现，一国主权养老基金或政府公共养老基金的治理效率仍与政府运行效率高度相关，相关度达到 0.8246。

表 4－4　政府运行效率与治理得分相关系数

类别	治理得分	政府效率
治理得分	1	0.8462
政府效率	0.8462	1

从图 4－9 可以看到，政府效率与基金治理合规性关系更为密切，各主权养老基金的政府效率指数与治理得分都在趋势线附近。一国的国家治理能力对基金治理能力有着非常强的影响。政府整体运行效率高的国家在治理得分上也表现得更好，政府治理能力较弱的国家在主权基金的治理上表现得不佳。

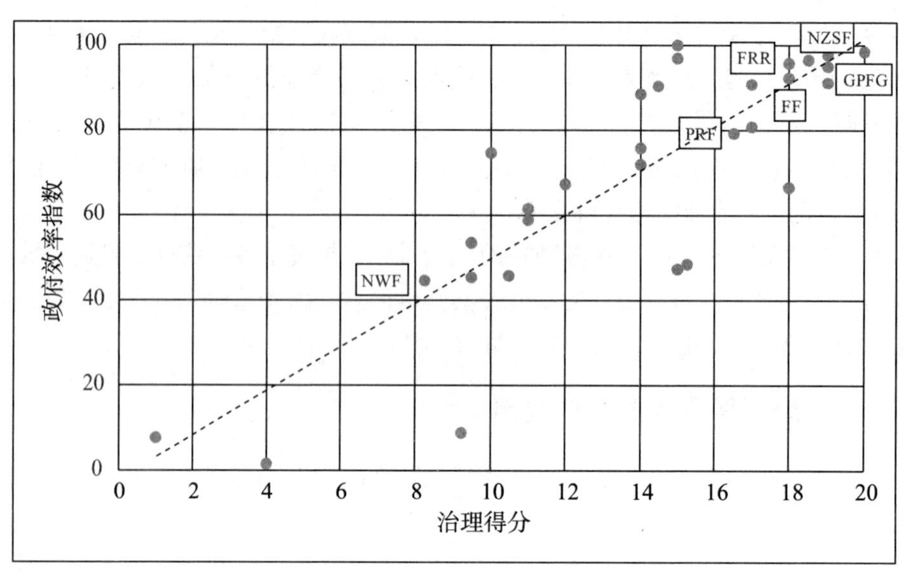

图 4-9　治理完善度与政府运行效率

资料来源：笔者整理。

2. 经济发展与治理指数

除了上述两个因素外，本节继续考察经济发展水平与基金治理能力之间的关系。对于经济发展水平，采用两个指标，一是人均 GDP，二是经济自由度指数。首先，人均 GDP 是衡量一国经济发展的重要宏观指标，人均 GDP 越高的国家一般代表其经济运行效率越高。通过分析发现，对上述 30 个基金而言，人均 GDP 与基金治理指数间的相关性较小，为 0.5185，表明虽然人均 GDP 与基金治理完善度之间存在正相关关系，但相关度不强。如图 4-10 所示，特别是部分高收入的海湾国家，人均 GDP 相对较高，但治理得分较低，散点图上距离趋势线较远。但即使去除海湾国家之后，二者的相关系数也仅有 0.6602。因此，可以认为人均 GDP 不是一国主权基金或政府养老基金治理的重要因素。

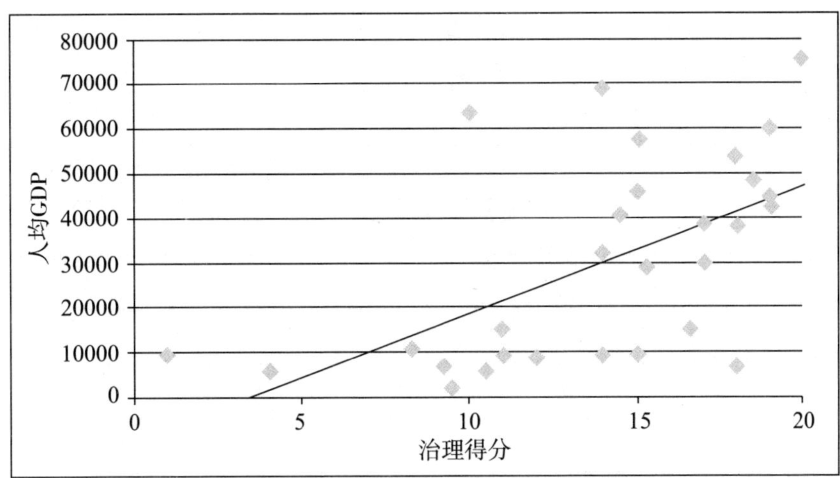

图 4－10　治理完善度与人均 GDP

资料来源：笔者整理。

为考察宏观经济对基金治理水平的影响，本节选取了第二个指标即全球经济自由度指标。美国智库 Heritage Foundation 从 1995 年开始每年发布国家经济自由度指数（Index of Economic Freedom），主要通过评估影响国家经济自由的 4 大政策领域及 12 项指标[①]，来考察一个经济体的自由度水平。经过比对发现，经济自由度指数与基金治理水平存在较高的相关性，相关系数为 0.7251，表明一国政府对经济干预程度越低，基金的治理完善度越高。从图 4－11可以看出，经济自由度对 6 个主权养老基金的影响更为显著，主权养老基金在散点图中的点均在趋势线附近。

① 4 大政策领域为法治、政府规模、监管效率、市场开放，12 项指标涉及财产权、司法效能、政府诚信、租税负担、政府支出、财政健全、经商自由、劳动自由、货币自由、贸易自由、投资自由及金融自由。

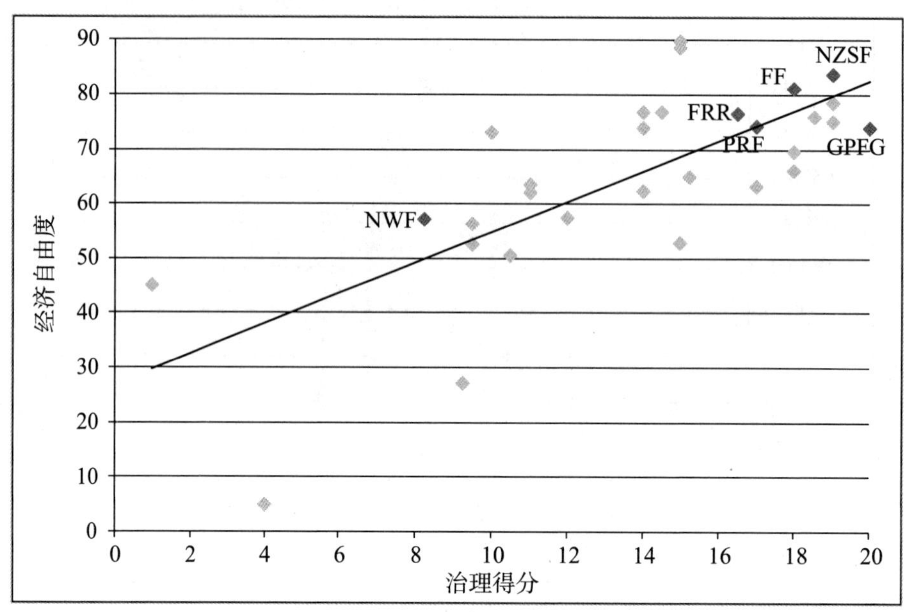

图 4－11　经济自由度与治理得分

资料来源：笔者整理。

从上述分析可以看出，经济自由度及政府效率对主权养老基金的治理完善度有较强的正向影响，一国的国民收入水平对基金的治理水平影响较小。

4.3.3　治理效率评价

尽管基金完善的治理结构并不能确保基金在每一个时期的收益最大，但良好的治理结构能有效地降低投资风险，保证基金获得稳定的长期收益。有效的主权养老基金治理结构能促成基金实现利益最大化，包括既定收益下的成本最小或既定成本下的收益最大。具体而言，治理结构的优劣主要从以下几个方面来衡量：①基金管理成本率。管理成本率等于总成本（费用）除以基金的平均净资产。主权养老基金的管理成本主要来自交易费用和基金费用两类。交易费用是交易行为发生时投资者支付的直接费用；基金费用主要包括管理费用、托管费用和市场拓展费用等，通常在基金资产中进行扣除。基金的管理费通常是主权养老基金成本中最大的一部分，是支付给基金管理人的各种费用，通常由董事会在基金管理契约中进行确定。因此，在测算基金投资成本时常用基金管理费来代替。②投资者收益。投资者主要通过基金净值的增长率、证券利得、分红等获得收益。对主权养老基金而言，因不存在基金分红和证券利得，通常采用净值增长率指标。③基金投资风险。基金投资所承担的风险水平也是衡量基金绩效的重要方面。对主权养老基金而言，所承担的风险主要来源于投资收益变动情况，因此，这里用收益率标准差来表示投资风险。

为衡量基金治理效率，本节选用数据包络模型进行分析。作为一种基于线性规划的非参数评价方法，数据包络分析法（Data Envelopment Analysis，DEA）主要用于研究一组具有多个投入和产出的决策单元（DMU）的效率，对于衡量不同国家主权养老基金的治理能力与效率的分析具有较为独特的优势。DEA 能通过 CCR 模型对基金治理的总体技术效率（TE）进行计算，同时利用 BCC 模型对总体技术效率进行分解，将总体技术效率（TE）分解为为规模效率（SE）和纯技术效率（PTE）。

1. 研究假设

DEA 模型前提假设。在运用 DEA 模型对主权养老基金治理效率进行系统分析中，假设基金治理的所有投入和产出指标的重要程度都是相同的。

基金治理与投资绩效假定。投资绩效表现的影响因素是多方面的，为了集中分析基金治理效率，因此假定除治理投入外影响主权基金投资绩效和外部风险对各个基金来说是一致的。

2. 变量选取

在参考已有文献研究并考虑数据的可获得性的基础上，筛选出了评价主权养老基金治理效率的一些代表性投入与产出指标，选取的是 2008—2017 年的相关数据。

（1）投入指标。

管理成本率（X_1）：各个基金 2008—2017 年十年间平均管理成本。

治理结构完善程度（X_2）：参考上一节各主权基金完善程度得分情况。

（2）产出指标。

投资收益率（Y_1）：各基金 2008—2017 年十年间平均收益率。

投资风险（Y_2）：各基金十年间收益率标准差，为表示投资稳定性，采用的数据为 1－收益率标准差。

（3）数据处理。

本节用于主权养老基金效率评价的所有数据资料均为笔者所整理的各基金年报数据。为保证 DEA 评价的有效性，除选取 7 个主权养老基金（新西兰、挪威、澳大利亚、法国、智利、中国、爱尔兰）外，因俄罗斯成本数据无法获得，增加了日本和泰国的政府养老基金治理和投资绩效数据作为分析样本。分析中分别用DUM1，DUM2，…，DUM9代表基金样本。运用Excel2010建立数据库，采用DEAP2.1软件进行数据分析，运算结果见表4-5。

表4-5　DEA运算结果

基金名称	样本	总体技术效率	纯技术效率	规模效率
新西兰超级年金基金	DUM1	0.769	1	0.769
挪威政府全球养老基金	DUM2	0.969	1	0.969
澳大利亚未来基金	DUM3	0.753	1	0.753
法国养老储备基金	DUM4	0.679	0.706	0.961
智利养老储备基金	DUM5	1	1	1
中国全国社会保障基金	DUM6	1	1	1
爱尔兰战略投资基金	DUM7	1	1	1
日本政府养老投资基金	DUM8	1	1	1
泰国政府养老基金	DUM9	0.701	1	0.701
平均值		0.875	0.967	0.906

总体技术效率分析：9个养老基金样本中平均综合技术效率（crste）为0.875，其中4个基金为1，表明这些基金的治理完善度和管理成本支出达到了技术上和规模上的最佳产出值。5个基金的总体技术效率小于1，为非总体有效，表明基金对治理和成本投入利用效率不高，需要对资源投入结构进行适当调整。从比例上看，总体有效的基金为44.4%，其中主权养老基金有效比例为42.8%，但3个主权基金的效率低于均值水平，其中法国养老储备基金效率仅为0.679，是总体效率最低的基金。

分解技术效率分析：纯技术效率（vrste）方面，9个基金平均纯技术效率得分较高，为0.967，只有法国养老储备基金的纯技术效率不是1。从技术角度看，所有基金的投入要素组合达到最佳状态，也表明治理完善度和管理成本对基金的绩效与风险有显著的相关关系。规模效率（scale）方面，4个基金的规模效率得分为1，表明这些基金达到了规模有效状态，即完善治理结构和增加管理成本投入，基金绩效和投资稳定性将按比例增加。

（4）分解技术效率与总体技术效率的制约性分析。

图4-12和图4-13分别表示综合技术效率与纯技术效率、规模效率之间的分布关系，一般而言在散点图中，散点分布更接近于对角线，该效率对总体

效率的影响和制约性就越大。图 4－12 中散点更多位于散点图的上半区，相对多的散点远离对角线；而图 4－13 中的散点则多分布于对角线之上或附近。因此，规模效率对综合技术效率的影响更强、贡献更大。可以认为综合技术效率表现不佳的基金主要是受规模效率较低的影响。

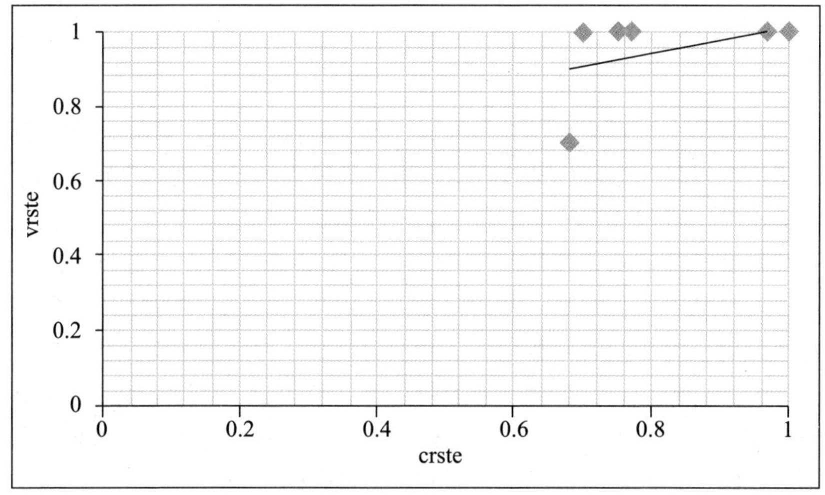

图 4－12 综合技术－纯技术效率散点图

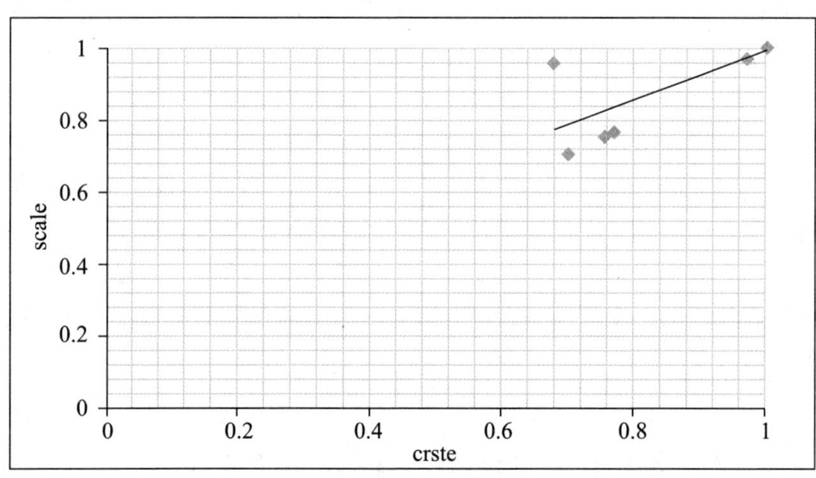

图 4－13 综合技术－规模效率散点图

第 5 章　主权养老基金资产配置研究

资产配置是投资基金整体在多种资产类别和投资策略之间的合理分配。狭义上，资产配置是通过明确基金投资的资产类别以及各类别的投资比例，在可接受风险水平下实现投资回报的最优化。具体而言包括：明确可投资的资产类别、明确各资产类别的投资比例和决定是否需随着市场变化进行调整。广义上，除了资产类别的分配外，资产配置还包括基金的流动性配置、风险配置和货币种类配置。资产配置是基金投资管理的核心，也是基金受托机构的主要职能。这是因为：第一，没有哪一种资产是绝对最优的，获得高收益就必然承担高风险，将资产配置于多个资产，使得不同资产之间的低相关性或负相关性抵消一部分风险，从而在降低风险的同时获得较高的收益，经过资产配置后的基金资产可以具有比任何单一资产更优的收益和风险特征；第二，基金在不同时期具有不同的风险偏好，通过合理资产配置可以使得投资基金的风险水平与风险偏好相一致，满足不同时期的个性化需求。养老基金通过战略资产配置来平衡长期投资目标和风险管理两方面要求，在确定战略资产配置之后，采取动态配置策略，控制风险敞口，通过把握市场机会来获得高于战略资产配置基准的超额收益①。在全球经济一体化进程中，主权养老基金更是积极拓展投资领域，将资产投向不同经济发展阶段、不同经济发展模式和不同资源禀赋的国家和地区，在全球范围内进行资产配置。主权养老基金的资产配置特点与方式是养老金研究领域的一个新课题，也对未来其他类别养老基金拓展投资领域具有重要的借鉴意义。

5.1　主权养老基金投资政策与投资基准比较

主权养老基金的投资政策是基金投资目标的具体体现，也是进行资产配置

① 熊军. 养老基金投资管理［M］. 北京：经济科学出版社，2014：139.

的重要依据。在既定投资政策下形成的投资基准是基金在进行资产配置时的重要参考和主要约束。目前，各国主权养老基金在不同的监管方式下形成了两大类投资政策和基准特征：审慎监管和数量监管。

5.1.1　审慎监管模式下的投资政策

基金的审慎监管一般出现在经济发展水平较高、金融市场和基金投资管理机构发育较好的国家。审慎监管模式下，基金的管理者主要通过审计、精算等中介机构对基金的投资管理行为进行监管，而较少干预基金的日常活动。审慎监管下的投资政策一般不对具体投资活动进行限制，但要求执行机构按照审慎人原则进行投资管理。首先，在投资范围上，审慎监管模式要求从整体上判断资产配置是否符合要求，而不是对单个资产的比例进行限制。其次，在投资结果上更关注对投资执行机构的行为以及对投资过程进行考核以确定执行机构是否在投资过程中符合审慎人规则。第三，审慎人模式强调投资管理的内部控制和治理结构，建立良好的信息披露制度和很高的透明度。在主权养老基金领域，法国、新西兰、澳大利亚等国的资产配置政策符合这一模式下的要求。

1. 新西兰超级年金基金

根据《新西兰年金养老金法案》，基金监管人须在审慎的商业基础上投资基金，投资管理应符合以下几点：第一，在不给基金带来不必要的风险前提下最大限度地提高回报；第二，避免损害新西兰作为负责任的世界成员的声誉；第三，尽最大努力保证基金不控制任何实体。作为一个以长期增长为导向的全球投资基金，超级年金基金监管人认为，基金的流动性要求低、投资期限长，应当追求更好的长期收益机会。因此，将基金的长期投资目标确定为：在滚动 20 年的时间内基金收益率超过无风险收益率 2.7 个百分点。在投资类别上，SIPSP 仅要求基金考虑两方面，一是参考投资组合中的资产类别，二是为参考投资组合增加价值的机会。因此，参照组合是新西兰 NZSF 长期战略资产配置的起点，表示均衡资产价格假设下和采用被动投资策略时实现投资目标的一系列资产类别及其投资比例。

(1) 参考投资组合。新西兰 NZSF 的参考投资组合在设计时遵循了以下几个原则：一是简单的可以被动投资的低成本、多元化组合，二是反映适当风险等级的结构均衡的组合。参考资产组合对于监管人来说是一种非常明确和“纯粹”的方式。首先，可以通过参考组合估计基金的预期回报；其次，可以明确积极投资的障碍；再次，能够准确衡量扣除成本后的基金增值（活跃）程度。

新西兰 NZSF 参考组合见表 5－1：

表 5－1　新西兰超级年金基金的参考组合

类型	2010 参考组合	2015 参考组合	投资基准
发达市场股票	70%	65%	MSCI 全球资本市场指数
新兴市场股票		10	MSCI 新兴市场指数
新西兰股票	5%	5%	NZX 50 Gross Index
全球公开交易房地产	5%	—	—
全球固定收益	20%	20%	巴克莱资本全球综合指数

资料来源：新西兰超级年金基金网站，https://www.nzsuperfund.nz/publications/annual－reports/。

一般而言，基金采用的投资策略，特别是参考资产组合，将对回报产生主导影响。但是，监管人并没有对基金投资的资产类别选择进行限制，选择投资何种资产由基金经理自行决定。具体投资过程中可以在多大程度上偏离参考投资组合中固有的风险敞口，可以通过设定风险和资本约束以及总活跃风险预算表示的平均活跃风险预期来确定。

（2）战略倾斜计划。参考资产组合是建立在均衡理念上，基于平均值假设构建的各类资产长期价值。战略倾斜是在参考投资组合的基础上通过识别市场机会实现的增值活动。新西兰 NZSF 在全球股票、全球上市房地产、全球主权债券、全球信贷和货币等资产类别上实施战略倾斜。为了增加价值，基金的目标是低买高卖。在战略倾斜计划要求基金可以逆向操作，即在他人出售时买入，在他人买入时出售。战略倾斜由内部管理，基于长期基本面和经济因素，对当前价格与资产公允价值的内部估计进行比较来推动倾斜决策。资产倾斜的相对大小取决于当前价格偏离对公允价值的评估程度以及对倾斜该资产的相对置信度的评估。

（3）风险分配计划。在长期投资中，人们普遍接受的方法是制定长期资产投资组合。新西兰 NZSF 的投资组合是参考资产组合，但参考资产组合不包括组合之外的其他资产类别，并且在多年内资产类别固定分配。而战略倾斜计划是一种增值策略，它的目的是比简单、静态的参考投资组合做得更好。战略倾斜计划应该分配多少，或者是允许承担多少额外风险就需要风险分配计划来完成。新西兰 NZSF 的主动风险工具（ART）是将估值信号转化为资产类别和市场分配的核心机制。ART 方法的目的是确保分配到资产类别和市场的规则更加客观，避免部署“直觉”的诱惑。

（4）责任投资。新西兰 NZSF 监管人认为环境、社会和治理（ESG）因素对长期回报具有重要意义，同时立法也要求基金投资避免损害新西兰在国际社会中的声誉。因此，责任投资也是新西兰超级年金基金投资过程中的重要政策。新西兰的责任投资体现在了投资全过程中，包括：识别和风险评估中考虑 ESG 因素，并将 ESG 因素整合到不同类型的投资中；提供基金的社会回报投资。同时，基金还签署了联合国负责任投资原则（UNPRI）、联合国全球契约、碳信息披露项目等一系列国际原则来确保责任投资的实施。在责任投资框架下，新西兰 NZSF 将大量的公司排除在投资范围之外，包括集束弹药的制造、核爆炸装置的制造或测试、制造杀伤人员地雷、烟草制造、加工鲸鱼肉、大麻、制造民用自动和半自动枪支等。

2. 法国养老储备基金

2010 年以后，法国养老储备基金投资策略从追求长期资产增值的单目标转变为双目标。基金投资管理的第一目标是管理其资产，确保其能够履行法律规定的支付义务；第二目标是在可承担风险水平下寻求最佳的投资回报。储备基金监管委员会确定了五项原则来确保目标的实现。第一，坚持长期投资视野，将流动性限制嵌入长期投资中，考虑资产“回归均值”，在承担短期波动性风险的前提下利用潜在周期性特点获取长期投资溢价。第二，坚持多样化投资。第三，通过积极的投资管理寻找市场机会。第四，注重投资的社会责任。充分考虑环境、社会和治理标准以及相关社会风险和机会。第五，通过参考绩效目标激励委托投资方的行为，确保其行为和做法不影响基金的稳定性。

（1）产品组合及其动态管理。

2010 年前，在战略资产配置上，法国 FRR 监管委员会根据长期风险和回报的预期确定了一个资产配置的指示性细分，它会根据外在条件变化而发生变化。如图 5－1 所示为 2010 年法国 FRR 投资组合指示性细分。具体表现在：第一，执行机构需要根据各个投资工具的优缺点具体确定各自的投资比例。第二，基金的实际资产配置应使支付负债的资产和寻求业绩资产的相对百分比随着市场条件的变化而变化。第三，执行委员会应在审慎的原则下对具体的多样化资产进行配置。审查委员会每年对投资战略的实施情况进行审查，并根据需要对指示性细分进行调整。

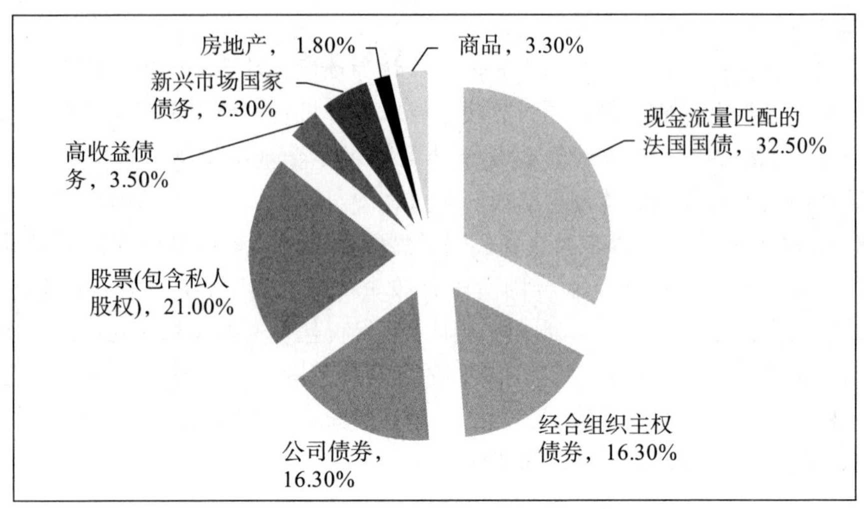

图 5—1　法国 FRR 投资组合指示性细分（2010）

资料来源：法国养老储备基金网站，http:www.fondsdereserve.fn/en/。

（2）对冲组合与绩效组合。

为了实现两个目标，2010 年以后，监管委员会将资金分配到两个组合之中。以 2018 年为例，对冲组合（hedging component）约占净资产的 45%，绩效组合（performance component）约占净资产的 55%。为了应对当期偿债支出，对冲组合需要对 85%的负债进行风险对冲。目前对冲组合由一些优质的固定收益类工具构成，主要包括与现金流量匹配的法国国库券、其他国家的主权债券以及信用评级在 BBB—级别以上的企业债。绩效组合则通过动态资产配置和分散化投资获得超过市场均值的额外回报，资产大多配置在股票等高风险高收益资产上。因此，法国 FRR 投资风格与其他主权养老基金存在一定区别，主动投资管理和被动投资管理的资产均占到相当程度，具体见图 5—2。

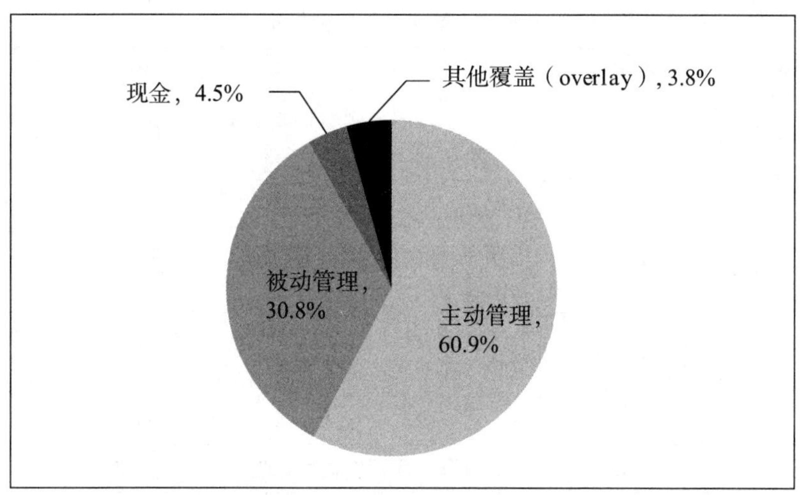

图 5－2　法国 FRR 投资结构

资料来源：法国养老储备基金网站，http://www.fondsdereserve.fr/en/。

（3）社会责任投资。

法国 FRR 监管委员会要求基金的直接投资和委托投资都要坚持社会责任投资原则。2008 年监管委员会制定了社会责任投资的 5 个核心目标：将 ESG 纳入所有资产类别的投资组合管理，加强金融风险的预防，进一步激励投资代理人积极践行 ESG 原则，优化 FRR 在环境治理方面的投资策略，积极参与本国和其他国家社会责任投资上的研究工作。在投资管理实践上，法国 FRR 从财务回报上分析 ESG 的重要性，关注并支持一些中小公司的社会责任投资实践，在帮助这些公司发展的同时，实现 ESG 的共享价值。

3. 澳大利亚未来基金

澳大利亚未来基金的投资目标为：在长期中最大限度地提高基金回报，长期基准为超过 CPI 4.5%～5.5%的十年平均收益。同时基金投资要符合国际投资机构的最佳做法，尽量减少对澳大利亚金融市场的影响，并且不能影响澳大利亚政府在金融市场的声誉。未来基金制定了一个结构化和全面的方法来形成现有投资策略。

目标资产分配上，基金监管委员会列出了具体的投资类别，如表 5－2 所示。

表 5-2　澳大利亚投资类别

市场类型	资产类别	细分
公开市场	另类资产	采用基于技能的绝对回报策略，承担风险溢价但可获得多样化回报
	现金	国库券、银行票据和存款
	债务	主要为非政府固定利息证券，可延伸至抵押贷款、高收益信贷和企业贷款
	投资组合覆盖	公开市场发行股票、国内和全球利率对冲策略、发达市场货币和新兴市场货币
	上市股票	澳大利亚股市、全球发达市场股票、全球新兴市场股票
私人市场	私人股权	风险投资，成长性资本，收购，控制不良债务
	有形资产	通过公共或私人市场获得的房地产、基础设施、木材和农业资产

资料来源：澳大利亚未来基金网站，https://www.futurefund.gov.au/about-us/publications。

监管委员会认为，不同类型的投资的预期回报和风险总是不断变化的。因此，澳大利亚 FF 不设置顶部的战略资产配置，而是采用动态资产配置的方式去管理资产。基金通过动态投资管理流程提出投资风险调整后的最佳回报。未来基金具体的投资策略根据市场变化而变化，在市场风险较高时，基金的目标是减少对冲风险敞口；反之，当存在超额收益时，基金目标转变为增加整体风险敞口。在风险回报处于正常水平时基金偏向于达到高水平的预期回报，同时通过多元化和投资组合风险管理策略来控制风险。具体的动态投资管理流程见图 5-3。

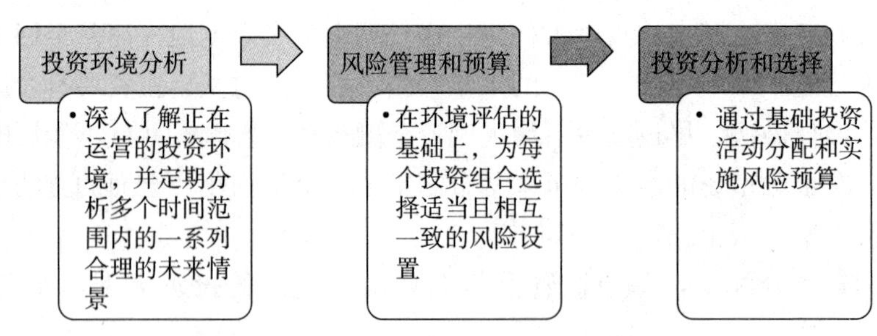

图 5-3　澳大利亚未来基金动态投资管理流程

资料来源：澳大利亚未来基金网站，https://www.futurefund.gov.au/investment/how-we-invest/investment-policies。

在资产地理分配上，监管委员会虽然未设定具体的分配目标，但还是制定了一套原则来管理地区分配决策，具体包括：第一，地域多样化有助于降低整体投资组合风险。第二，由于基金的基础货币是澳元，因此，对符合回报和风险标准的国内投资具有自然偏好。

与法国 FRR、新西兰 NZSF 等基金一样，澳大利亚 FF 也将 ESG 因素整合到内外部投资决策过程中。

5.1.2　数量监管模式下的投资政策

数量监管，是监管者对基金的投资数量和比例进行直接监管。一些国家认为，数量监管模式的优点在于可以很好地控制基金投资组合的整体风险，并降低管理运营成本。但从实践来看，这种模式下的基金运营成本和收益均差于审慎监管模式。但不论如何，这种监管模式仍在一些国家中长期存在。解决此类问题已经超出经济学问题讨论范围，需要依赖于心理学、行为科学、实验科学与经济科学的共同进展。

1. 挪威政府全球养老基金

根据《政府养老基金法》第 2 条第 2 款以及挪威财政部发布的 GPFG 管理授权，GPFG 由挪威银行代表财政部进行管理。GPFG 应在设定的管理权限内，以基准货币篮子计量成本后，获得尽可能高的回报。

第一，财政部对可投资的资产类别进行了限制：GPFG 可以投资于债券、股票、房地产①和现金存款等。其中，股票投资组合是指投资于受监管和认可的市场上市的股票；债券投资组合是指投资于可交易债券和其他可交易债务工具，以及此类债券的存托凭证。同时，GPFG 不得投资于：挪威企业发行的证券、以挪威克朗计价的证券、挪威资产担保的担保债券、挪威境内的房地产以及地产基金；联合国制裁国家的企业；与挪威没有税收协定的国家的非上市公司和基金；非开放基础设施，如公路、铁路、港口、机场和其他基础设施；被 GPFG 观察和排除指南排除的公司。

第二，挪威财政部为 GPFG 建立了基准投资组合。如表 5-3 所示，财政部制定的战略基准指数分为股票和债券两类资产，分别占 70%和 30%。在债券组合中，政府债券为 70%，公司债券为 30%。

---

① 房地产是指土地及其上的任何建筑物。

表 5-3 GPFG 基准投资组合及指数

资产类别	比重	领域或地区	权重	指数构成方式
股票	70%	瑞典外的欧洲发达市场	38.4%	富时环球股票指数
		美国和加拿大	15.4%	
		其他发达市场	23.1%	
		新兴市场	23.1%	
债券	30%	政府相关	70%	彭博指数，政府债券 GDP 加权、公司债券市场加权
		企业相关	30%	

资料来源：挪威财政部网站，https://www.regjeringen.no/en/dep/fin/id216/，笔者整理。

第三，在基准投资组合的基础上，挪威财政部对具体的投资比例进行了限制，如表 5-4 所示，要求股票资产投资比例在 50%～80%，债券投资为 20%～50%，房地产投资为上限为 7%。同时要求实际投资组合与实际基准指数之间的相对收益的年标准差不超过 1.25 个百分点，如超过这一比例太大，挪威央行将被要求修正投资策略①。

表 5-4 GPFG 投资比例限制

资产类别	比例限制	具体要求
股权	50%～80%	受监管和认可的市场上市的股票，不得投资于单个公司 10%以上的有表决权股份
债券	20%～50%	可交易债券和其他可交易债务工具，高收益债券（信用评级低于投资级别）不超过债券组合市场价值的 5%
非上市房地产	不超过 7%	非上市房地产投资组合应具有地域、行业的多元化特征

资料来源：挪威财政部网站，https://www.regjeringen.no/en/dep/fin/id216/，笔者整理。

第四，在投资风险管理上，挪威财政部除了对资产配置进行比例限制外，还对一些风险比例进行了限制，具体限制如表 5-5 所示。

① 赵晓玲. 主权财富基金投资运营研究［D］. 沈阳：辽宁大学，2011：37.

表 5－5　GPFG 风险和风险敞口的关键指标

风险	关键指标
市场风险	基金投资的预期相对波动率超过 1.25%
信用风险	投资 BBB－评级的债券超过 5%
所有权风险	投资单个公司有表决权股份在 10%以上

资料来源：挪威财政部网站，https://www.regjeringen.no/en/dep/fin/id216/，笔者整理。

第五，基于社会责任投资的要求，挪威财政部通过《政府全球养老基金公司观察和排除指南》将一些公司排除在基金投资范围之外，或将公司列入观察名单。被排出公司的原因主要包括核武器、煤炭、烟草、严重破坏环境、严重腐败等。部分被排除或观察公司如表 5－6 所示。

表 5－6　部分被 GPFG 排除投资公司名单

公司名称	原因	决策	时间
Aboitiz Power Corp	生产煤或煤基能源	排除	2016.04
British American Tobacco MalaysiaBhd	生产烟草	排除	2010.01
BWX Technologies Inc.	生产核武器	排除	2013.11
Duke Energy Cor	严重的环境破坏	排除	2016.07
Petroleo Brasileiro SA	严重腐败	观察	2016.01

资料来源：挪威财政部网站，https://www.regjeringen.no/en/dep/fin/id216/，笔者整理。

2. 智利养老储备基金

智利 PFR 为中长期投资基金。在 2012 年该基金的基本目标为：在 95%的风险容忍度水平下，实现投资回报最大化，每年损失不得超过美元资产价值的 10%。智利养老储备基金采用典型的数量监管模式，基金通过设置各类资产的投资比例来实现对投资活动的管控。智利养老储备基金的战略资产配置如表 5－7 所示。

表 5-7　2017 年及以前智利养老储备基金战略资产配置与基准

资产类别	比例	基准
主权和政府关联债券	48%	巴克莱全球资本总量：国债指数 巴克莱全球资本总量：政府关联债券指数
通胀指数债权	17%	巴克莱全球资本通胀挂钩指数
企业债	20%	巴克莱全球资本总量：企业债券指数
股票	15%	MSCI 全球所有国家指数

资料来源：智利财政部网站，http://www.hacienda.gov.cl/english/sovereign-wealth-funds.html。

在资产类别管理上，智利中央银行管理具有主权风险敞口的资产类别，而股票和公司债券组合则由外部管理，其中贝莱德（BlackRock）和梅隆（Mellon）管理股票资产，贝莱德（BlackRock）和安联（Allianz）管理公司债券资产。在投资管理上，智利 PRF 基本采用被动的方式，在按比例配置资产的同时允许各类资产的小规模浮动。数量上，当资产类别超过一定目标时，将触发投资组合再平衡政策。触发再平衡的条件如表 5-8 所示。

表 5-8　智利 PRF 资产配置再平衡触发条件

资产类别	下限	上限
主权和政府关联债券	45%	51%
通胀指数债权	14%	20%
企业债	17%	23%
股票	12%	18%

资料来源：智利财政部网站，http://www.hacienda.gov.cl/english/sovereign-wealth-funds.html。

2017 年，基金委员会在考虑美世（Mercer）2017 年评估结果的基础上设计了新的 PRF 投资政策，并于 2017 年 11 月获得财政部批准。新的投资政策将基金投资目标修改为：至少 60%的概率保证十年内获得高于智利通货膨胀 2 个百分点的预期年回报率，同时保证在任何给定年份基金实际回报率低于-12%的概率不超过 5%。基金的战略资产配置也随之进行了大幅调整，在原有的资产组合中增加了美国机构发行的抵押贷款支持证券（MBS）和高收益债券，并且战略资产配置会定期进行调整，具体见图 5-4。

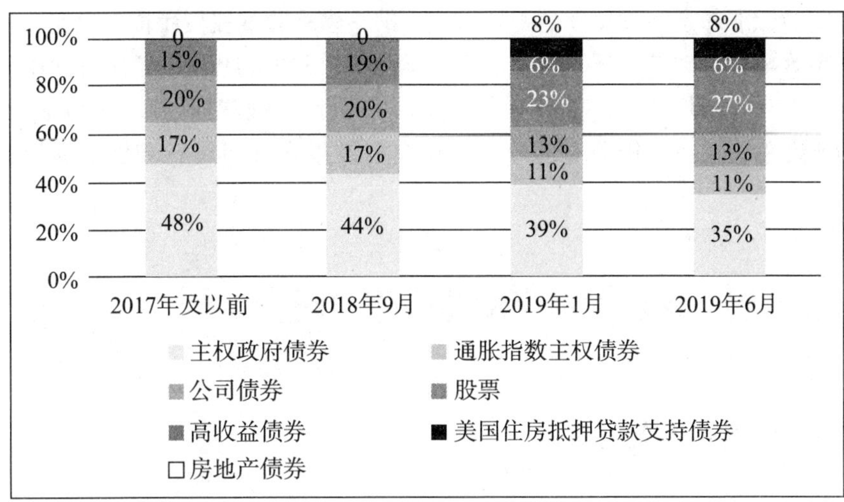

图 5-4　智利养老储备基金战略资产配置比较

资料来源：智利财政部网站，http://www.hacienda.gov.cl/english/sovereign-wealth-funds.html。

除美国代理机构发行的抵押贷款支持证券外，所有资产类别均在全球范围内进行投资。此外，固定收益投资组合中智利比索的货币风险将逐步被对冲。改革后的智利 PRF 投资从原有相对保守的投资转向了更为主动的寻求资产长期增值的投资，基金投资更加多元化。

3. 俄罗斯国家福利基金投资政策

俄罗斯 NWF 的性质是建立长期高收益的储蓄基金，但在实际操作中，其投资策略与俄罗斯储备基金差别不大。俄罗斯 NWF 投资政策的主要特点是：政府代表国库与俄罗斯银行和外经银行签订银行账户协议，俄罗斯银行以自己的名义配置福利基金，并向国库支付由俄罗斯联邦政府制定的标准投资组合的利息。外经银行获得资金后，通常用于资助其自身的信贷投资活动。这种操作实质上是将福利资金作为外汇储蓄，向金融部门间接融资。但俄罗斯财政部认为，将货币这样配置能够增加福利基金的收益率，实现投资多样化[①]，收益率比俄罗斯银行要高。

虽然俄罗斯国家福利基金在形式上允许投资到高收益资产，但俄罗斯财政

① 刘盛．俄罗斯主权财富基金：投资策略及其在应对金融危机中的角色［D］．上海：复旦大学，2014：68.

部确定的标准却是一种保守的配置方式，缺乏多样化的投资手段，这是由于清算体系等金融基础设施还不够完备。基金24.2%的资产是外经银行的中长期储蓄，75%为联邦预算的额外储备。2012年以后，俄罗斯财政部停止公开基金的年度总收益，但仍公开部分外汇账户以及投入外经银行和俄罗斯银行的收益。

5.2 主权养老基金资产配置策略分析

5.2.1 大类资产配置策略

1. 挪威政府全球养老基金

挪威财政部认为，挪威GPFG是长期性资金，流动性要求低，风险承受能力较强，应该把长期回报摆在首要位置。为了提高收益率水平，挪威GPFG积极发掘有长期投资价值的行业和公司，投资组合大多采用积极投资策略。从图5−5可以看出，20多年来挪威GPFG总体资产配置上经历了重大变化，债券资产从1998年的59.3%下降到2020年的24.7%，而股票资产从1998年的40.7%上升到2020年的72.8%。2011年以后，未上市房地产投资开始出现并逐年上升，比例从最初的0.3%上升到2020年的2.5%，投资额从110亿挪威克朗上升到2730亿挪威克朗。总体资产配置反映出基金的投资越来越积极，长期回报追求行为越来越明显，即使遇到短期市场风险，基金也没有大幅改变资产配置和长期投资策略。例如2008年基金股票投资收益率为−40.71%，债券投资收益率为−0.54%；但2009年基金的股票持有比例却从50%增加到60%，债券持有比例反而下降了10%。从收益率看，基金坚持长期投资的策略获得了较好的回报，1998年至2020年基金的年平均收益率为6.29%，股票资产收益率为8.33%，债券收益率为4.87%，房地产投资为5.46%。

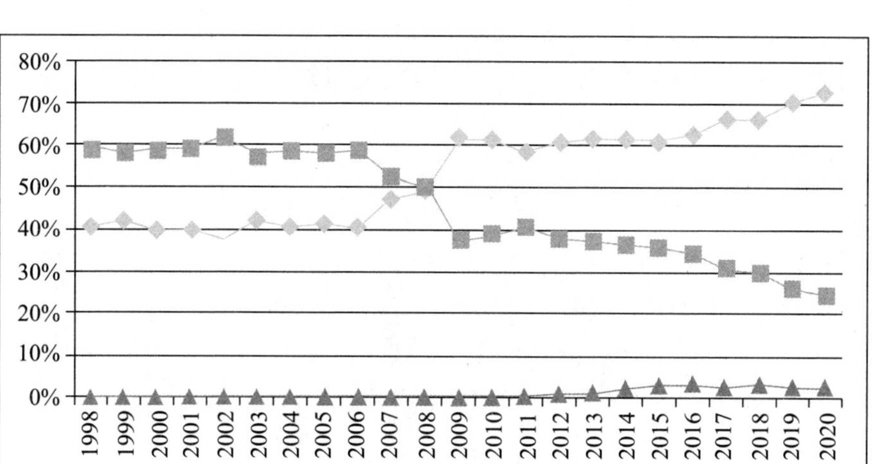

图 5-5　挪威政府全球养老基金各资产占总资产比重

资料来源：挪威政府全球养老基金年度报告（1998—2020）。

2. 新西兰超级年金基金

如图 5-6 所示，新西兰在历年的超级年金基金资产配置中，股票投资占到了绝大部分比例，接近 70%，其中全球股票平均占比 63.80%，新西兰国内股票平均占比 4.39%。2015 年之前，每年的全球股票投资约为 61.00%，而 2015 年之后增长到年均 66.20%的水平。在全球股票配置中，发达市场股票占到了绝大部分，约为总资产的 55.00%，新兴市场股票占到总资产的 10.00%左右。另外，基金在固定收益投资上比例偏小，年均仅为 10.00%左右，这与基金追求长期超额市场回报的动机高度相关，而较少关注基金投资的稳定性。新西兰 NZSF 大类资产组合中的另一大特色是另类投资比例较高，平均占比约为 14.50%，特别是在 2015 年之前比例一度超过 20.00%。2015 年基金实行新的参考组合后，基础设施、不动产的投资比例有所下降，木材、农业土地等投资仍维持在 2015 年之前水平。大量投资木材的原因在于新西兰林业资源非常丰富，森林覆盖率 30.00%，拥有天然林 640 万公顷，占森林面积的 79.00%。在获得成熟的木材投资经验后，基金又将目光转向全球森林资源市场，在澳大利亚、南美、非洲、亚洲等都有木材投资。

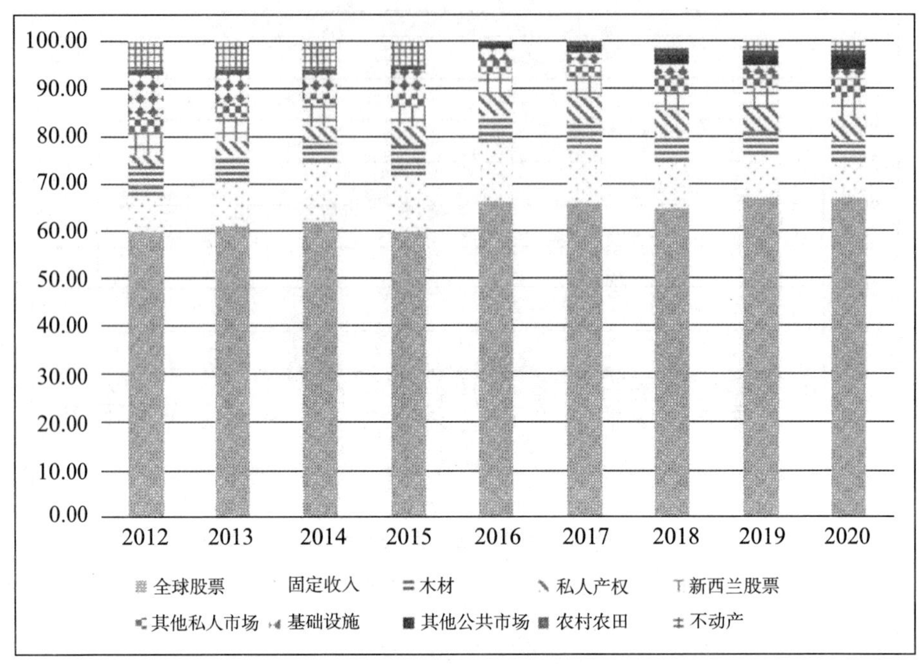

图 5-6　新西兰超级年金基金大类资产配置变动情况（2012—2020）

资料来源：新西兰超级年金基金网站，https://www.nzsuperfund.nz/publications/annual-reports/。

3. 法国养老储备基金

除了现金需求管理外，法国 FRR 的所有投资均通过外部基金经理来完成。基金经理的投资组合须通过提案获得投资授权。总体而言，FRR 的投资组合结合了高单位价值的被动投资和寻求持续相对优异表现的积极投资。FRR 通过“核心—卫星”（core-satellite）资产配置方式[①]确保以尽可能低的成本向主要市场进行风险暴露。法国 FRR 将资产分为绩效组合和对冲组合。

如表 5-9 所示，实际投资组合中，绩效资产从 2012 年以来逐步增加，从 2012 年的 41.4%增加到 2018 年的 55.0%，其中股票资产的份额增加得最为明显，提高了近 12 个百分点。

① 在投资者决定大类资产的配置比例后，再将每类资产的管理分为“核心”和“卫星”两个部分，分别进行配置。“核心”是构成这一资产类的主体配置，目的是为满足投资策略对这类资产基本的收益和风险要求，“卫星”则构成环绕主体的其余配置，为的是增强收益和分散风险。“核心”资产多为被动投资，其中会包含较多的指数基金、ETF 基金等被动型产品；“卫星”资产多为主动投资资产。

表 5-9　法国 FRR 资产配置变化情况（2012—2018）[①]

资产配置		2018	2017	2016	2015	2013	2012
绩效组合：		55.0%	55.6%	51.1%	48.9%	43.8%	41.4%
股票		41.2%	43.6%	38.9%	40.1%	32.8%	28.9%
	欧洲	18.6%	23.0%	21.2%	—	16.2%	15.1%
	非欧洲	10.3%	13.0%	13.4%	—	16.6%	13.8%
	期权对冲	12.3%	7.6%	4.3%	—	—	—
高收益债券		1.8%	2.6%	3.2%	2.9%	—	—
新兴市场债务		7.4%	6.2%	5.6%	4.9%	5.9%	6.3%
非上市资产		4.6%	3.2%	3.4%	—	5.4%	6.2%
	私人债务	3.0%	2.0%	1.8%	1.0%	0.1%	2.5%
	私人产权	1.0%	0.9%	1.4%	—	—	—
	基础设施和房地产	0.6%	0.3%	0.2%	—	0.9%	0.4%
对冲组合：		45.0%	44.4%	48.9%	51.1%	56.2%	58.6%
债券		43.9%	42.9%	47.7%	—	53.3%	52.8%
	负债对冲	15.9%	17.3%	21.5%	—	—	—
	发达国家债券	0.0%	0.1%	0.0%	—	—	—
	投资级债券	28.0%	25.6%	26.2%	—	—	52.8%
现金		1.1%	1.5%	1.2%	—	2.6%	5.8%

资料来源：法国养老储备基金年度报告（2012—2018）。

4. 智利养老储备基金

与上述各国不同，由于实行数量监管，智利 PRF 的资产配置行为更注重稳健，以被动投资为主。从表 5－10 和 5－11 可以看出，尽管 2017 年前后，战略资产配置有所变化，但在采用再平衡机制的情况下，智利实际资产配置与战略资产配置比例基本一致。

① 由于法国 FRR 基金官网未展示 2014 年年报，故未获取 2014 年相关数据。

表 5-10 智利养老储备基金资产配置情况（2012—2017）

资产类别	基准	2017	2016	2015	2014	2013	2012
主权政府债券	48.0%	46.9%	46.3%	49.0%	47.4%	47.0%	46.0%
公司债券	20.0%	19.9%	20.2%	20.1%	20.0%	20.0%	20.4%
通胀挂钩债券	17.0%	17.3%	17.3%	16.6%	17.1%	17.0%	17.5%
股票	15.0%	15.9%	16.3%	14.4%	15.2%	17.0%	16.2%

资料来源：智利财政部网站，http://www.hacienda.gov.cl/english/sovereign-wealth-funds.html。

表 5-11 智利养老储备基金资产配置情况（2018—2019）

资产类别	2018		2019	
	基准	实际配置	基准	实际配置
主权政府债券	44%	45.6%	35.0%	33.8%
公司债券	17%	17.1%	13.0%	13.1%
通胀挂钩债券	20%	19.9%	11.0%	10.6%
股票	19%	17.5%	27.0%	28.9%
高收益债券	—	—	8.0%	7.8%
美国住房抵押贷款支持债券	—	—	6.0%	5.7%

资料来源：智利财政部网站，http://www.hacienda.gov.cl/english/sovereign-wealth-funds.html。

信用风险分担方面，如图 5-7 所示，2013—2019 年间，PRF 固定收益投资组合的绝大部分投资于 A-及以上资产。以 2019 年为例，AAA 级别的资产占投资组合的 33.2%，AA+至 AA-占 38.0%。历年平均持有 A-级以上资产占固定收益投资组合为 76.8%。

5. 澳大利亚未来基金

澳大利亚 FF 的投资收益目标为高于 CPI 4.5～5.5 个百分点，高收益目标的要求也促使了基金在投资风格上的积极性，其风险资产配置比例相对较高。

如图 5-8 所示，基金股票投资份额平均为 35%左右；债券和现金资产约占 30%；同时还有大量的另类资产投资，包括房地产、基础设施、林地等，另类投资的比重平均为 28%左右；此外还有一部分私募股权。但 2008 年以来，FF 现金资产逐渐增加，股票投资比例相对减少。这反映了 FF 在金融危机后偏向于更加稳健的投资。

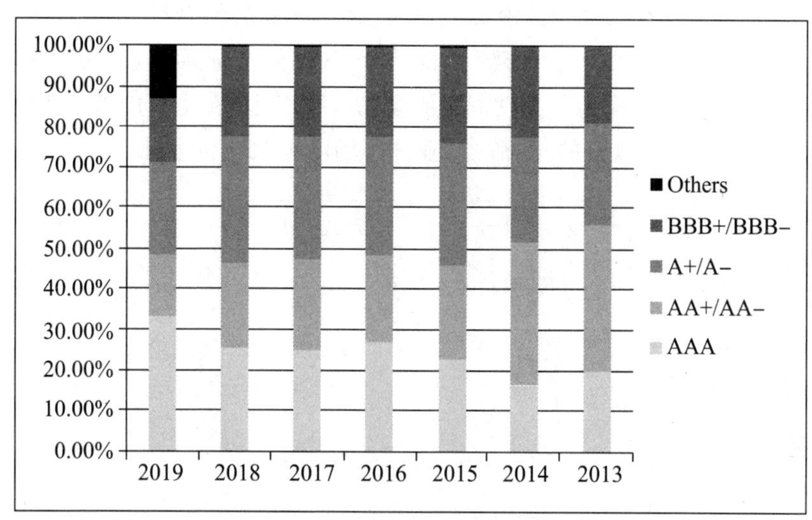

图 5-7　PRF 信用风险分担（2013—2019）

资料来源：智利财政部网站，http://www.hacienda.gov.cl/english/sovereign-wealth-funds.html。

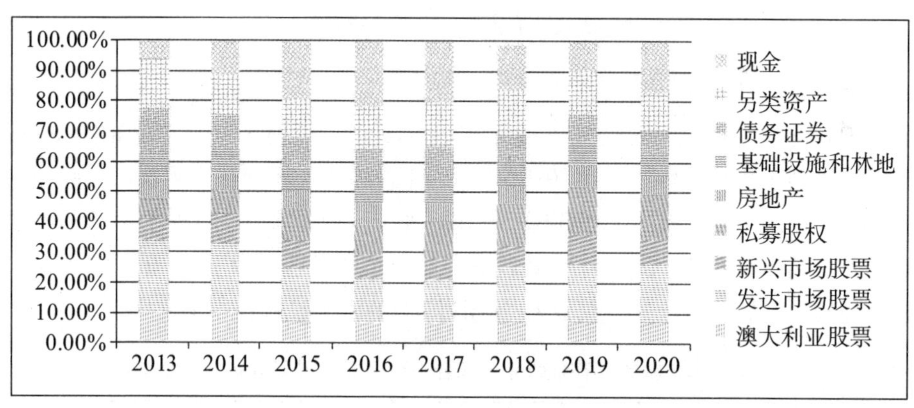

图 5-8　澳大利亚未来基金实际资产配置情况（2013—2020）

资料来源：澳大利亚未来基金网站，https://www.futurefund.gov.au/about-us/publications.

5.2.2　投资区域配置策略

如图 5-9 所示，在地区分布上，挪威 GPFG 在全球所有市场都有投资，除了区域分布外，还有约 1.0%的资产投资于国际组织。欧洲、北美和亚洲是基金的三个主要投资区域，超过 94.0%的资产分布在上述区域，拉美、非洲、中东、大洋洲等四个市场合计份额不到 5.0%。从发展趋势看，欧洲资产逐年减少，从 2012 年的 48.0%下降到 2020 年的 30.9%，份额下降了将近三分之一；北美和亚洲市场成为基金投资主要增长区域，北美市场的份额从 2012 年的 32.0%上升到 2020 年的 43.9%，亚洲市场也从 12.9%上升到 21.4%。

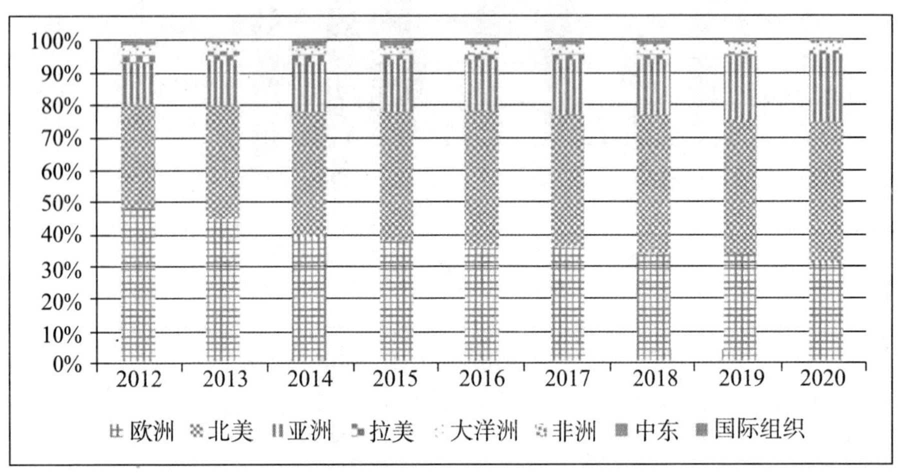

图 5-9　挪威政府全球养老基金投资区域分布

资料来源：挪威政府全球养老基金年度报告（2012—2020）。

如表 5-12 所示，挪威 GPFG 75%以上的资产投资到这十个主要国家，而且每年的比例都在不断增加，到 2016 年以后超过 80%。从持有比例看，对部分欧洲国家投资比例逐渐减少（如德国、英国、瑞士、法国等），对中国、日本等国的投资比例逐渐上升。2006 年挪威政府全球养老基金获得中国 QFII 资格后在中国市场的投资额逐年上升，在 2017 年超过 3%的资产投资在中国市场。

表 5-12　2014—2020 挪威政府全球养老基金十个主要投资国分布（占总资产百分比）

国家/比例	2014	2015	2016	2017	2018	2019	2020
美国	32.3	34.5	37.4	36.1	38.8	39.8	42.0
日本	7.9	8.9	9.1	9.1	8.9	8.5	8.2
英国	10.7	10.2	9.9	9.7	9.4	8.8	7.2
德国	6.7	7.2	5.4	6.1	4.9	4.8	4.5
法国	5.2	4.9	5.1	5.1	5.1	5.2	4.8
瑞士	4.3	3.9	4.9	4.6	4.5	4.7	4.5

续表

国家/比例	2014	2015	2016	2017	2018	2019	2020
加拿大	3.0	2.5	2.2	2.3	2.2	2.2	1.9
中国	2.2	2.2	2.7	3.6	3.6	4.3	5.3
澳大利亚	2.2	2.1	2.1	2.2	2.1	2.0	2.0
西班牙	2.6				1.7	1.6	1.4
韩国				2.0	1.8	1.6	2.0
瑞典		2.1	2.0		1.6	1.6	1.9
荷兰					1.7	1.9	2.0
占总资产比例	77.1	78.5	80.8	80.8	86.3	87.0	87.7

资料来源：挪威政府全球养老基金年度报告（2014—2020）。

新西兰NZSF也表现出了投资区域的高度多元化，如图5－10所示，超过80%的资产投资于海外市场，包括发达市场和新兴市场，其中北美市场约占总资产的一半，欧洲市场约为20%，但近年来新西兰超级年金基金注重亚洲市场的投入，而欧洲市场的资产比例逐渐减少。亚洲（除日本）市场的资产比重从2012年的5.0%左右上升到2020年的10.2%。超级年金基金大部分海外投资都是被动持有，但基金也在全球范围内寻找一些积极投资的机会，主要包括木材、私募股权、保险相关证券等。全球区域分布变动的主要驱动因素为市场的变化以及市场在国际股票指数中的权重。

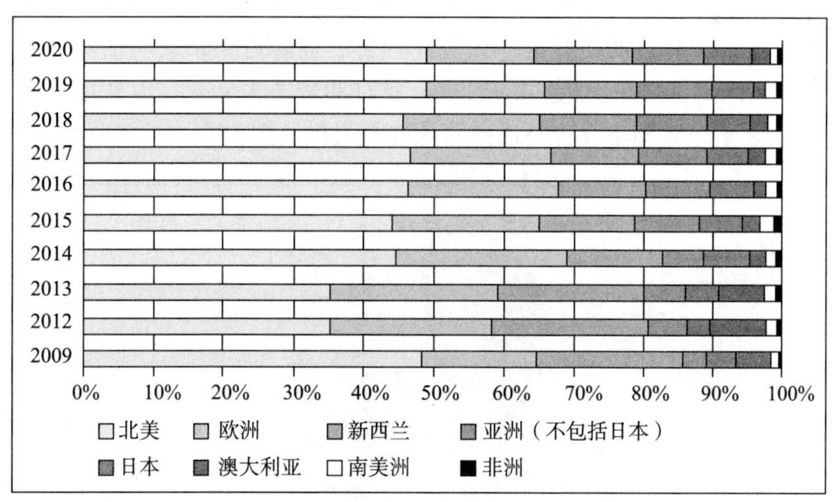

图5－10　2009—2020年新西兰超级年金基金区域配置变动情况

资料来源：新西兰超级年金基金网站，https://www.nzsuperfund.nz/publications/annual－reports/。

如图 5－11 所示，法国 FRR 在投资上虽然实现了一定的区域分散，但超过四分之三资产仍然在美国和欧洲，欧美之外的最大市场是日本，约占总股票投资的 7％左右。其他区域占比为 18％左右。

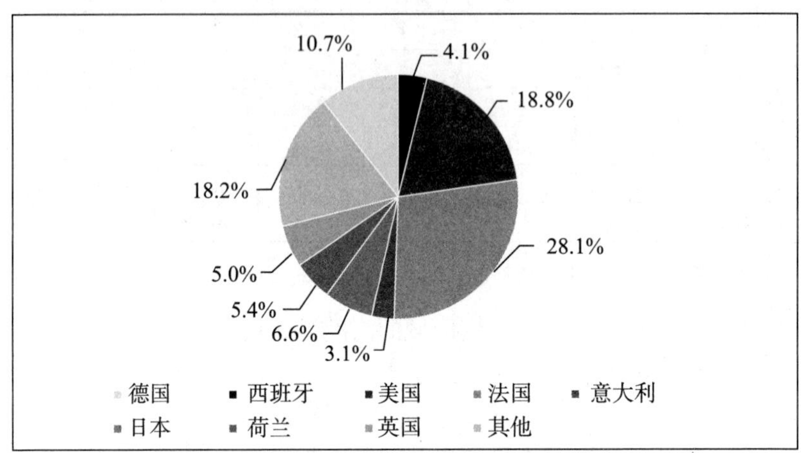

图 5－11　2018 年法国养老储备基金股票投资的区域分布

（各区域股票投资额占股票投资总额的百分比）

资料来源：法国养老储备基金年度报告（2018）。

对冲组合中的债券资产也同样集中于美国和欧洲市场，其中约有 70％左右的资产为欧元，具体见图 5－12。基金持有美元发行的债券主要是为了对冲汇率风险，约有 30％的债券资产为美元计价。随着近年来政府债券收益率的稳步下降，FRR 增加公司债券的权重，使对冲资产多元化，以获取更高的收益率。2018 年，对冲组合中公司债券的资产权重达到 63％。

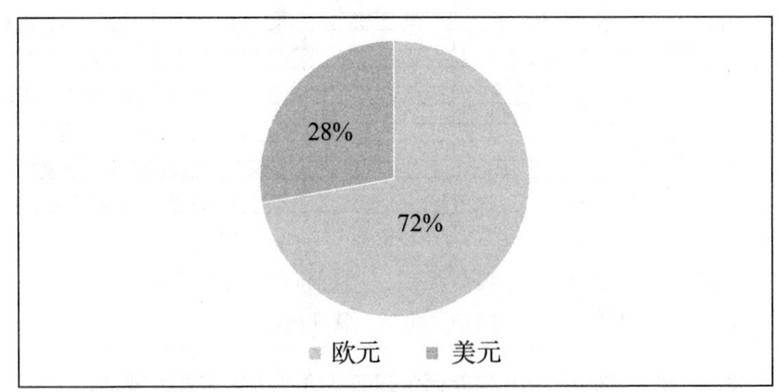

图 5－12　2018 年 FRR 固定收益资产中的货币分类

资料来源：法国养老储备基金年度报告（2018）。

智利 PRF 则主要将资产的 75%以上配置到北美和欧洲。如图 5-13 所示，2019 年在北美市场的资产超过了基准水平 2.6%。

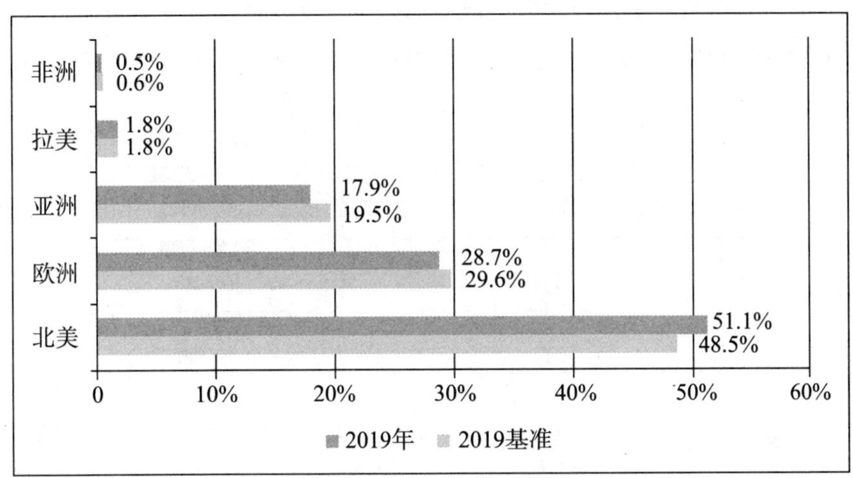

图 5-13　2019 年智利 PRF 资产区域配置情况

资料来源：智利财政部网站，http://www.hacienda.gov.cl/english/sovereign-wealth-funds.html。

在国别配置上，美国、日本、英国三个国家占据了智利 PRF 60%左右的投资份额。以 2019 年为例，其中美国接近一半，是基金的主要投资国；日本约为 10.7%；英国为 7.6%。区域与国别分布进一步反映了基金稳健的投资风格和相对保守的投资策略，具体的国别配置情况见图 5-14。

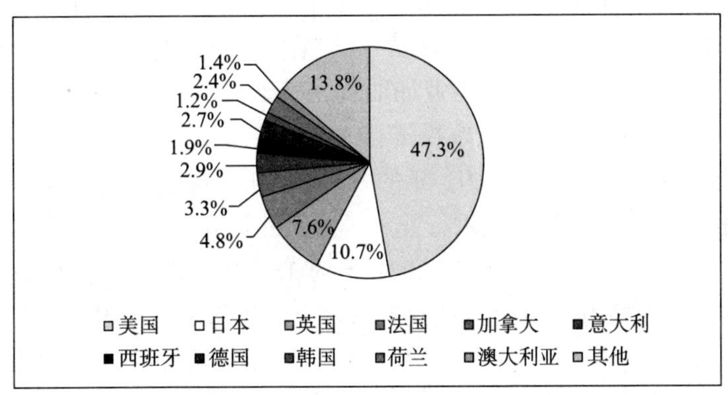

图 5-14　2019 年智利 PRF 资产国别配置情况

资料来源：智利财政部网站，http://www.hacienda.gov.cl/english/sovereign-wealth-funds.html。

澳大利亚未来基金（FF）投资以传统发达国家市场为主，如图5－15所示，发达国家市场约占90%。变化较为明显的是澳大利亚本土投资逐年减少，美国、日本的投资份额略有上升。基金同时也允许逐渐投资于一些在新兴市场上具有潜在收益的发达公司，新兴市场的投资份额在近年来也有少量增加。

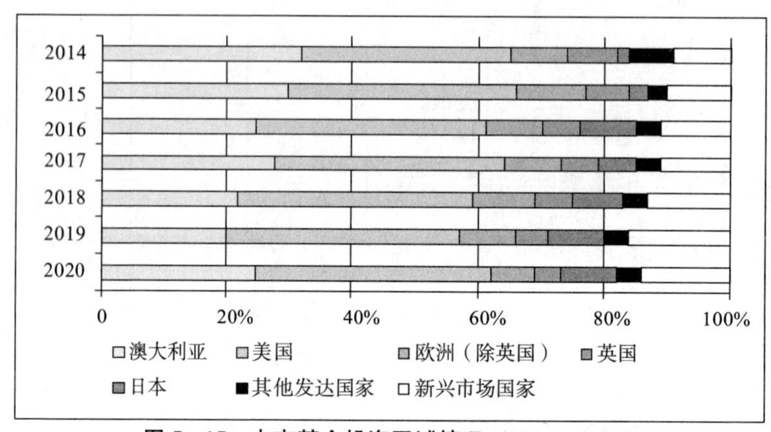

图5－15 未来基金投资区域情况（2014—2020）

资料来源：澳大利亚未来基金网站，https://www.futurefund.gov.au/about－us/publications。

5.2.3 行业资产配置策略

挪威GPFG在行业投资上通常先选定一定目标行业，再由基金经理选择优秀的公司进行投资。从图5－16可以看出，挪威GPFG股票投资行业分布较为均衡，行业持股比例虽逐年变化，但总体稳定。2020年金融业所占比例最大，达到20.4%；工业、技术、消费、消费者服务、医疗保健等行业占比约为10.0%～14.0%；传统基础行业如油气、基础材料、电信等投资比例较少。从持股变化看，挪威GPFG股票投资有逐渐从传统行业转向新兴行业的趋势。例如油气行业的持股比例从2012年的9.8%逐年下降至2020年的3%，消费品也出现相同变化。另外，技术行业和医疗保健行业持股比例逐年上升，技术业持股从2012年的7.3%上升到2020年的18.5%，医疗保健行业也上升了3.1个百分点。这反映出基金行业投资风格上总体稳定，但投资偏好逐渐从传统行业向新兴行业转移。表5－13列出了2020年挪威GPFG持股市值最大的15家公司，几乎都属于新兴行业。

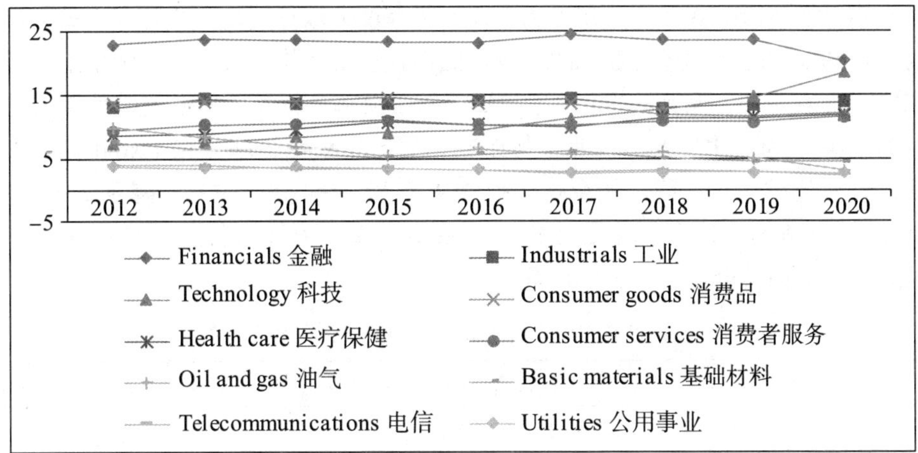

图 5－16　2012—2020 挪威政府全球养老基金持股行业变化（单位:%）

资料来源：挪威政府全球养老基金年度报告（2012—2020）。

表 5－13　2020 年挪威 GPFG 持股市值最大的 15 家公司

公司	行业	所在国家/地区	持有市值（百万挪威克朗）
苹果	科技	美国	185339
微软	科技	美国	147893
亚马逊	科技	美国	124334
Alphabet（原“谷歌公司”）	科技	美国	97434
雀巢	生活消费品	瑞士	77028
脸书	科技	美国	67424
台湾半导体公司	工业	中国台湾地区	66089
罗氏制药	医疗健康	瑞士	59125
荷兰皇家壳牌公司	油气	英国	51274
三星电子	科技	韩国	56589
阿里巴巴	科技	中国	55559
腾讯	科技	中国	49657
特斯拉	科技	美国	45802
诺华	医药健康	瑞士	45290
阿斯麦尔	科技	荷兰	41000

资料来源：挪威政府全球养老基金年度报告（2020）。

新西兰 NZSF 在行业分布上仍表现出了高度分散化特征。监管人委员会认为，履约能力会受到经济变化的影响，因而在投资运作中很可能出现集中信用风险。如表 5－14 所示，基金股票投资涵盖了大部分行业，其中金融行业占比约为 30%，为占比最大的行业。与挪威相似，超级年金基金在工业和能源方面的投资比重逐年下降，能源行业投资从 2012 年的 10%左右下降到 2018 年的 2%，工业也下降了一半的比例，比重的下降一方面与行业的盈利能力相关，另一方面符合基金在责任投资上的理念。

表 5－14　新西兰超级年金基金股票投资行业分布情况（单位：%）

行业	2012	2013	2014	2015	2016	2017	2018
金融	22	23	42	33	31	30	28
消费品－非周期性的	16	16	9	11	11	13	14
基本材料	6	7	8	9	9	8	8
通信	6	6	5	6	5	6	8
政府	—	—	7	6	6	6	7
工业	14	11	6	7	6	7	7
技术	7	7	4	5	4	6	7
消费品－周期性	6	6	5	5	5	6	6
能源	10	11	5	6	4	2	2
基金	3	3	4	4	3	5	2
公用事业	7	6	3	3	3	2	2
卫生保健	2	3	—	—	—	—	—
其他	1	1	2	4	13	9	9

资料来源：新西兰超级年金基金网站，https://www.nzsuperfund.nz/publications/annual－reports/。

法国 FRR 的股票投资也分散到了 8 个行业，但行业比例每年变动较大。2013 年之前制造业、IT 服务以及一国大宗产品（staples）投资比例合计在 25%左右，但 2017 年以后，基金退出这三类行业的投资，转而增加消费服务、原材料等领域。图 5－17 显示了 2018 年 FRR 股票投资的行业细分情况。行业细分变化的原因一方面来源于外部经理的选择，另一方面则来源于衡量外部投资经理的绩效基准的变化。

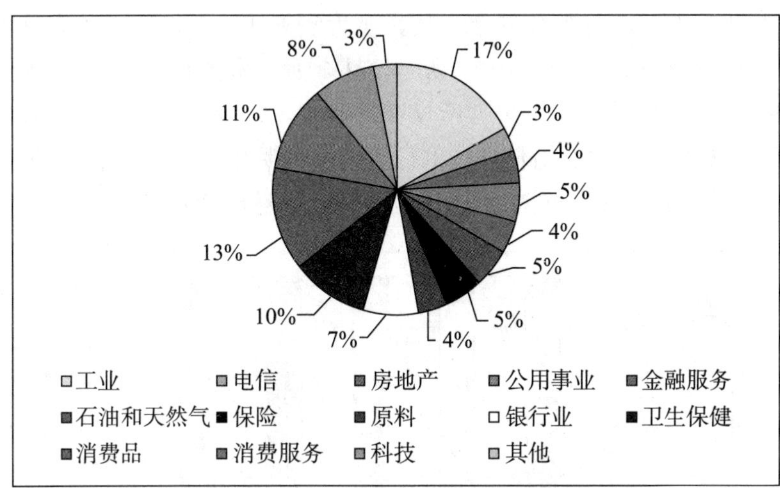

图 5－17　2018 年 FRR 股票投资行业细分

资料来源：法国养老储备基金年度报告（2018）。

智利 PRF 的经济部门配置相对集中，接近一半的基金投资于政府部门，其次是金融、信息科技部门。以 2019 年为例，如图 5－18 所示，投资基准中，政府占比为 42.5%，金融及信息科技分别为 22.8%和 7.0%；而实际投资中，政府部门达到了 43.3%，金融及信息科技分别为 20.6%和 7.1%。

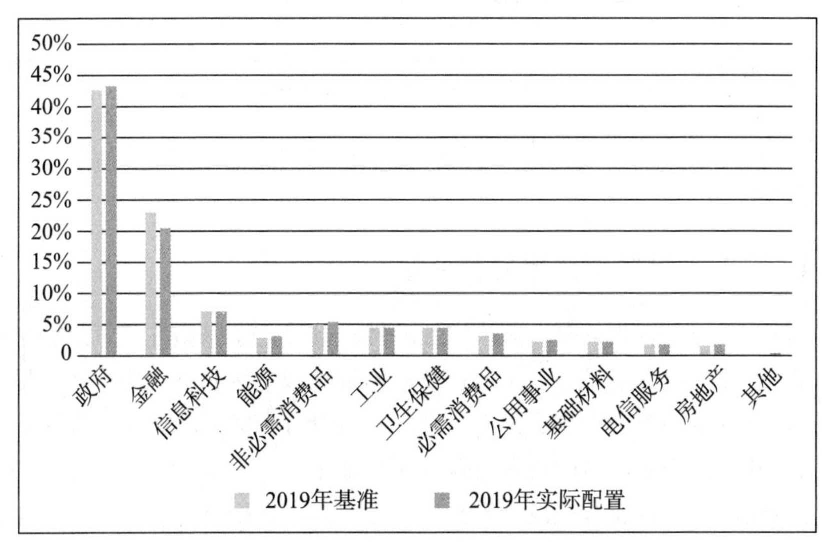

图 5－18　2019 年智利 PRF 的部门资产配置

资料来源：智利财政部网站，http://www.hacienda.gov.cl/english/sovereign－wealth－funds.html。

在行业分类上，与多数基金一样，澳大利亚 FF 也表现出了高度的分散化。以股权投资为例，如图 5－19 所示，基金所投资的行业多达 11 个，每个行业的投资份额均不超过 25％。所投资行业中，份额最大是金融行业和信息技术行业。近年来，基金对信息技术行业的投资明显增加，从 2014 年的 11％增加到 2020 年的 18％，相对而言，能源行业的投资份额在逐渐减少。

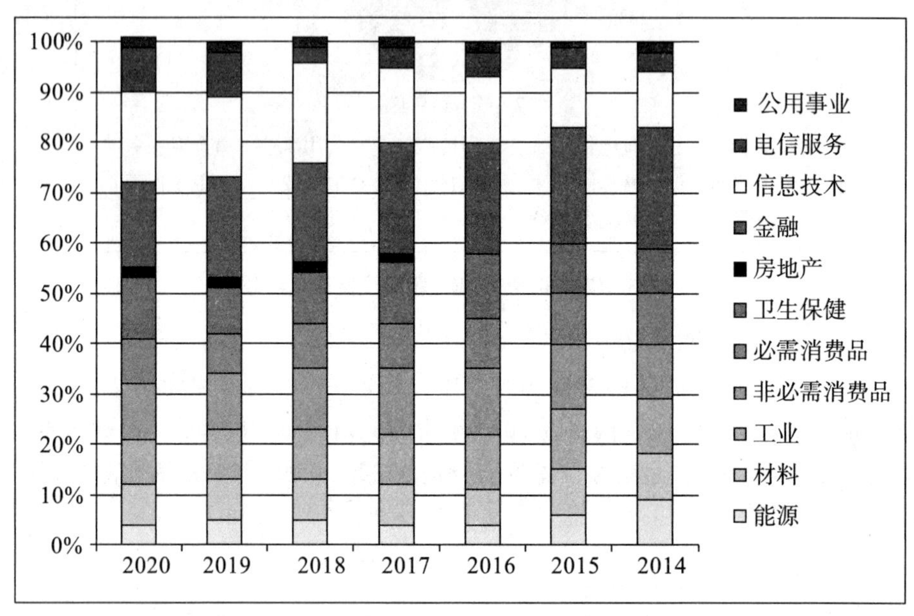

图 5－19　澳大利亚未来基金部门资产配置情况（2014—2020）

资料来源：澳大利亚未来基金网站，https://www.futurefund.gov.au/about－us/publications。

5.2.4　资产配置策略的差异性分析

主权养老基金较大的基金规模和长期性目标决定了基金在投资过程中的基本行为。多数主权养老基金要求通过长期投资获取超额收益。为广泛分散投资风险，各类基金的投资领域更加多元化。在经历了 2008 年次贷危机的重大损失之后，各主权养老基金的投资行业分布更加丰富，石油天然气行业、房地产业、金融业以及贵金属行业成为其投资重点，其中金融行业仍然备受青睐。房地产行业一直是主权养老基金的投资重点，从理论上看，相对较低的流动性能够提供风险调整后更高回报的流动性溢价，尤其当前全球经济处于低利率水平，房地产投资更是受到主权养老基金的青睐。

但在大类资产配置和区域分布上，6 个海外主权养老基金呈现出各自不同的特点，见表 5－15。

表 5－15　主权养老基金资产类别与投资区域分布特征

资产类别配置	国内为主	国内国外混合	国外为主
以权益类产品为主			挪威政府全球养老基金（GPFG） 新西兰超级年金基金（NZSF）
完全分散化		澳大利亚未来基金（FF） 法国养老储备基金（FRR）	
以固定收益类产品为主	俄罗斯国家福利基金（NWF）		智利养老储备基金(PRF)

资料来源：笔者分析整理。

在大类资产配置上，俄罗斯 NWF 与智利 PRF 以固定收益类资产为主，其中俄罗斯 NWF 投资于货币资产，智利 PRF 则将国外债券作为主要投资领域。挪威 GPFG 与新西兰 NZSF 则将权益类产品作为主要投资渠道，其中挪威 GPFG 的股票资产占到总资产的三分之二，新西兰 NZSF 则高达 70%。法国 FRR 和澳大利亚 FF 则采用了混合策略。法国 FRR 将固定收益类资产主要配置于对冲组合中，以满足支付要求。澳大利亚 FF 股票投资和固定收益类投资比例大致相当，但将约三分之一的资金配置在了基础设施、林业等另类资产上，因此虽然股票投资比例不如新西兰 NZSF 和挪威 GPFG 高，但投资风格也显得较为激进。在区域分布上，智利 PRF 和挪威 GPFG 将所有资产投资于海外市场，新西兰 NZSF 的海外投资也占到基金总资产的 86.1%。与上述三个基金相比，澳大利亚 FF 和法国 FRR 的海外资产也占到总资产的四分之三，投资区域上表现为混合型特征。

5.3　主权养老基金动态资产配置分析

作为多元化的增长型基金，主权养老基金需要寻求不同的资产组合，超越股票和债券并获得长期的风险调整回报，这不仅要求以战略资产配置和基准配置作为基础，还依赖于资产配置的动态调整。帕德尔和夏普（1988）首先提出动态资产配置概念，其基本含义是根据经济状况和市场估值的变化，改变不同资产类别的风险敞口，通过在资产类别之间的动态分配以最大限度地实现增长，提高每单位风险的总体回报。2008 年全球金融危机后，海外养老基金普遍增强了对动态资产配置的重视，纷纷强调采用积极的投资理念应对战略资产配置执行过程中的波动风险①。在理论上，动态资产配置强调将战略资产配置的长期目标与风险管理措施相结合，在多头市场环境下增加风险资产比重，强化收益性；在空头环境下则注重安全性，降低基金风险溢价资产的比例；在中性市场上则服从于战略资产配置。同时，动态资产配置又强调反周期策略，当牛市时，卖出风险资产以锁定收益，在市场大幅下跌之后强劲反弹时快速进入市场，进行布局。

主权养老基金的动态资产配置受到多种因素的影响，包括受托人风险容忍度、资本市场相关资产的收益率和波动率状况、战略资产配置、预期收益率、投资能力等。本节选取相关指标对各主权养老基金的动态资产配置状况及其影响因素进行分析。首先，选取 MSCI ACWI 计算风险资产的收益率和波动率指标，选取彭博全球资本市场指数作为无风险资产收益率，并用夏普比率计算风险调整后的整体市场回报。用超越战略资产配置百分比（实际风险资产比重减去战略风险资产比重）作为被解释变量，用股票市场对数收益率、股票市场月收益波动率、夏普比率作为解释变量进行实证分析。在用面板数据分析时发现模型整体拟合度较低，可能是各基金在进行动态资产配置时的依据不一样造成的。因此，采用个别分析的方法对各基金的动态资产配置及主要影响因素进行考察。

5.3.1 挪威 GPFG 动态资产配置分析

经过数据分析和比对发现，挪威 GPFG 风险资产动态配置比例主要依据上一年的市场状况作出，上年的市场状况与当年的风险资产配置变动比率相关性更强。

如表 5－16 所示，从相关性上看，上一年的股票市场收益率与当年的风险资产配置比例相关性最高，且为负相关，表明上一年市场收益率高时，挪威 GPFG 在第二年倾向于减少风险资产的持有；反之，上年市场低迷时，第二年则倾向于大量增加风险资产持有。在动态资产配置上具有典型的低买高卖特

① 熊军．养老基金投资管理［M］．北京：经济管理出版社，2014：173.

点。例如 2008 年金融危机时，股票市场巨幅下跌，而 2009 年挪威 GPFG 的股票资产比重增长了近 13%；在 2009 年股票市场大涨之后，挪威 GPFG 倾向于减少股票资产的持有比重，增加债券资产的持有比例。同时，挪威 GPFG 股票资产变动比例与债券资产收益率和股票市场的波动率相关性较小，虽然与夏普比例有比较高的相关性，但夏普比率与股票市场收益率高度相关，在进行多元回归时拟合度较差。因此认为，挪威动态资产配置的主要影响因素是上一年的股票市场收益率。

表 5－16　挪威 GPFG 风险资产配置比例变动与影响因素相关系数矩阵

	erate	rrisk	drisk	rdebt	sharp
erate	1				
rrisk	－0.9144	1			
drisk	0.424	－0.4654	1		
rdebt	－0.4401	0.5328	－0.0537	1	
sharp	－0.6427	0.8332	－0.5321	0.2568	1

注：erate 代表该基金风险资产较上年增加比例；rrisk 代表上年全球风险股票市场收益率，用 MSCI 指数收益率计算；drisk 代表上年股票市场波动情况，用 MSCI 月度收益率标准差计算；rdebt 代表上年债券市场收益率；sharp 代表上年夏普比率。下同。

如表 5－17 所示，上一年的股票市场收益率与当年股票资产配置比例呈负相关变动，回归系数为－0.317，且在 1%的水平上显著，表明股票市场收益率每上升 1%，挪威 GPFG 股票资产配置比例将下降 0.317%。

表 5－17　挪威 GFPF 股票资产配置变动影响因素回归结果

erate	Coef.	St. Err.	t－value	p－value	95% Conf. Interval		Sig
rrisk	－0.317	0.050	－6.39	0.000	－0.431	－0.202	***
Constant	0.045	0.011	4.15	0.003	0.020	0.071	***
Mean dependent var	0.041		SD dependent var		0.080		
R－squared	0.836		Number of obs		10.000		
F－test	40.799		Prob > F		0.000		
Akaike crit.（AIC）	－37.203		Bayesian crit.（BIC）		－36.597		

注：*** 表示 $p<0.01$，** 表示 $p<0.05$，* 表示 $p<0.1$。

5.3.2 新西兰 NZSF 动态资产配置策略分析

新西兰公共财政预算年度采用跨年制，每个预算年度从 6 月开始。因此，为更好地描述动态资产配置的状况，所选择的指标也根据其预算年度进行计算。通过模型分析与比对，上年度股票市场收益率仍然是影响新西兰股票资产变动最重要的因素。但与挪威动态资产配置策略不同的是，新西兰动态资产配置所采取的是正向操作策略，即当上一年股票市场上涨时新西兰 NZSF 倾向于增加下一年度的股票资产比例，追涨杀跌的特征较为明显。

如表 5－18 所示，从回归结果看，上一年的股票市场收益率（rrisk）与当年资产股票资产配置比例（erate）呈正相关变动，回归系数为 0.283，且在 10％的水平上显著，表明股票市场收益率每上升 1％，新西兰 NZSF 股票资产配置比例将上升 0.283％。

表 5－18　新西兰 NZSF 股票资产配置变动影响因素回归结果

erate	Coef.	St. Err.	t－value	p－value	95％ Conf. Interval		Sig
rrisk	0.283	0.134	2.11	0.038	－0.026	0.592	*
Constant	0.009	0.024	0.01	0.094	－0.056	0.056	*
Mean dependent var	0.006		SD dependent var		0.089		
R－squared	0.357		Number of obs		10.000		
F－test	4.447		Prob ＞ F		0.038		
Akaike crit.（AIC）	－21.377		Bayesian crit.（BIC）		－20.772		

注：*** 表示 $p<0.01$，** 表示 $p<0.05$，* 表示 $p<0.1$。

5.3.3 澳大利亚 FF 动态资产配置策略分析

澳大利亚的预算年度与新西兰一样，采用的是跨年制。因此，仍然按照与预算年度一致的股票市场收益率来计算。同时，澳大利亚的基金绩效参考标准为 CPI 之上的 4.5～5.5 个百分点，因此，CPI 上涨幅度可以认为是决定基金动态资产配置的重要因素。通过相关性分析发现，上一年度各项数据与当年的股票资产配置相关度更高，可以认为基金的动态资产配置决策也参考了上一年度的各项市场数据。如表 5－19 所示，通过进行多元回归分析，可以看到上一年度的股票市场收益率（rrisk）与股票资产相对上年变动比例（erate）呈负相关关系，回归系数为－0.671，且在 1％的水平上显著。这表明澳大利亚未来基金在股票资产配置上采取负向操作策略，当上一年股票市场上涨时，下一年决定卖出股票资产以锁定收益，其低买高卖的策略与挪威 GPFG 相似。同时，上一年度股票市场波动率（drisk）和上一年度 CPI 指数（lrcpi）对下年度的股票资产配置比例具有正向影响。其中，CPI 指数的影响较大，回归系数为 0.478，且在 10%的水平上显著，表明澳大利亚未来基金在进行动态资产配置将业绩参考标准作为重要的配置依据。上一年度 CPI 指数上涨较大时，倾向于增加风险资产的配置以获得更高回报，反之则降低风险资产配置比例。

表 5−19　澳大利亚 FF 股票资产配置变动影响因素回归结果

erate	Coef.	St. Err.	t−value	p−value	95% Conf. Interval		Sig
rrisk	−0.671	0.149	−4.49	0.004	−1.037	−0.306	***
drisk	0.011	0.002	4.98	0.002	0.006	0.017	***
lrcpi	0.478	2.799	2.31	0.060	−0.370	13.327	*
Constant	−0.292	0.070	−4.15	0.006	−0.464	−0.120	***
Mean dependent var	0.113		SD dependent var		0.262		
R−squared	0.950		Number of obs		10.000		
F−test	37.767		Prob > F		0.000		
Akaike crit.（AIC）	−21.386		Bayesian crit.（BIC）		−20.176		

注：*** 表示 $p<0.01$，** 表示 $p<0.05$，* 表示 $p<0.1$。

第6章　主权养老基金社会责任投资研究

当前越来越多的养老基金修改了传统的投资策略，逐步将环境、社会、公司治理和道德标准纳入其投资决策中。在主权养老基金的投资政策中，除了涉及资产配置、风险管理、绩效标准等方面外，倡导和践行社会责任投资也是各国投资管理政策中的重要方面。挪威、法国、爱尔兰、澳大利亚、新西兰等国均明确提出在投资管理中融入ESG要素。本章将通过对主权养老基金社会责任投资的动因、策略及绩效的分析全面展现各基金在社会责任投资方面的特征和效果，从而为我国主权养老基金社会责任投资体系建设提供有价值的参考。

6.1　主权养老基金社会责任投资的原因分析

6.1.1　长期回报的内在要求

作为为未来进行养老储备的主权养老基金关注的是在几十年之后能够满足那一代人的养老金需求，基金的经济利益与后代的经济利益几乎是完全一致的。一方面，基金需要获得长期的高额投资回报以实现基金的保值增值。另一方面，基金的高额回报需要以不牺牲未来的社会经济效益为前提。促进代际正义对同时具有长期性和未来性的主权养老基金来说就显得尤为重要。代际正义与主权养老基金的规模之间存在直接联系，主权养老基金代表着国家储蓄，未来几代人可以从今天的高储蓄中获益，今天的高储蓄意味着当代人的消费减少，更多的投资将使下一代受益。这种储蓄决策除了满足直接的养老目标外，还会产生显著的外部性。当基金为追求高回报目标而破坏环境或者引导所投资公司关注中短期行为，不考虑后代时，外部成本就会产生。基金获得的高额回报就来自后代的福利牺牲，这与基金的目标是背道而驰的。而如果基金通过第三方行为的引导或者通过一些策略，在获得一定回报的基础上促进宏观经济和社会的可持续发展，这种储蓄决策则会产生正的外部效益。一般理论认为，具有长期性和高度多元化组合的投资基金会在促进代际正义方面发挥更重要的作用①。首先，高度分散化的投资使得主权养老基金拥有在经济中公开交易的大量股票。例如挪威政府全球养老基金是全球最大的投资机构之一，投资于近 70 个国家的约 7800 家公司，这些公司的价值占全球主要证券市场总价值的 90%左右。因此，主权养老基金并不关注单一公司的盈利能力，他们只对其总投资组合回报感兴趣。而总投资组合回报取决于股票市场是否具有提供良好绝对回报的整体能力。虽然由于外部性导致的市场失灵可能会使个别公司受益，但会对整个经济造成损害。因此，处于基金自身利益考虑，消除失灵、促进良好治理环境的形成是基金提高收益水平的重要手段。其次，主权养老基金主要关注其投资组合的绝对长期回报。多元化组合的长期回报依赖于世界经济的长期发展。除非世界经济能够以可持续的方式发展，否则这些基金不可能获得高投资的长期回报。因此，对主权养老基金而言，有足够的内在动力去促进经济社会的健康可持续发展，不希望也不允许产生代际外部成本的市场失灵发生。越来越多的养老基金和主权财富基金也明确承认可持续发展与长期利益的关系，在基金投资中引入道德准则。

6.1.2　风险管理要求

60 多年前 Harry Markowitz（1959）提出的现代投资组合理论（MPT）几乎是当今世界投资组合管理和财务规划中最普遍的框架和程序。现代投资组合理论认为，最有效的投资组合，即在任何给定风险水平下的最高回报，可以通过风险资产和无风险资产的多样化来实现，其具体状况取决于投资者的风险状况②。今天的主权养老基金允许几乎所有资产类别在全球范围内投资。然而，仅仅是多元化的资产配置还不足以让主权养老基金规避所有风险。

首先，MPT 没有考虑投资者如何在管理全球宏观经济风险中发挥作用。金融体系与社会密切相关，全球化投资的主权养老基金需要充分考虑社会、经济和环境系统之间的相互联系。2019 年世界经济论坛发布全球风险报告显示，全球风险来源于多方面，包括经济、环境、政治、社会和技术等，其影响领域也是广泛的。因此，对基金的长期投资管理极为重要。对主权养老基金而言，

① ALEXANDER C，RUNA U. Pension funds，sovereign－wealth funds and intergenerational justice[EB/OL].（2012－09－27）[2020－10－11]. https://www.top1000funds.com/wp-content/uploads/2012/11/Pension-Funds-Sovereign-Wealth-Funds-and-Intergenerational-Justice.pdf.

② 滋维·博迪，亚历克思·凯恩，艾伦 J 马库斯. 投资学［M］. 10 版. 汪昌云，张永骥，等译. 北京：机械工业出版社，2017：254.

有必要通过责任投资原则的制定来解决 ESG 风险分散和整合的问题。同时更进一步，应当考虑主权养老基金投资对全球社会风险的影响，而不是只考虑 ESG 风险对基金投资本身的影响。

其次，主权养老基金需要对投资决策进行一个长期性的预测，过去的表现并不一定能转化为未来的表现。投资组合越大，与社会和环境问题相关的金融风险越大①。传统投资组合理论通过评估预期风险和收益将期望和过去表现一并考虑。然而，这些期望取决于决策者选取的时间范围，对未来而言这种期望不可能准确反映个人或整个社会的投资回报。以气候变化为例，具有较短时间范围的投资者可能会发现从资产收益中获得最佳收益会损害社会实现气候目标的能力，从长远来看危及稳定的全球经济，从而降低潜在回报②。

因此，对主权养老基金而言，更为有效的风险管理是积极的整合 ESG 风险。一方面通过原则和授权要求提高自身和外部基金经理的社会投资责任感，充分考虑所投资目标的社会影响。另一方面以科学为基础制定相应的 ESG 指标并融入基金投资活动中。

6.1.3 道德授权

社会责任投资者最基本的动机是寻找与其价值观相一致的投资工具③。主权养老基金的独立投资不仅具有财务授权，而且更具有道德授权。主权养老基金虽然不能像国家那样正式成为国际法的缔约者，但可以将国际条约作为其责任投资的道德指南④。主权养老基金的资金完全由国家资源提供，这也是他们与其他养老基金相区别的重要特征。这一特征使得主权养老基金作为国家的一种延伸，有必要也有义务遵守国际条约。Sullivan 和 Hachez（2012）认为，主权财富基金关心社会责任投资的行为直接源于 1948 年的世界人权宣言(Universal Declaration of Human Rights，UDHR)。社会的每个人和每个机构都应尊重和促进其能力范围内的权力和自由。作为社会投资者的主权财富基金

① DAVIS S，LUKOMNIK J，WATSON D P. The new capitalists：how citizen investors are reshaping the corporate agenda [J]. Journal of pension economics and finance，2005，7 (3)：357－358.

② SAPHIRA R，ANNE C B. The future of responsible investment and modern portfolio theory [EB/OL].(发布日期不详)[2020－10－11]. https://www.unpri.org/ri－quarterly/the－future－of－responsible－investment－and－modern－portfolio－theory－/3905.article.

③ 白璐. 养老基金社会责任投资策略研究 [D]. 成都：西南财经大学，2016.

④ RICHARDSON B. Fiduciary law and responsible investing [M]. London：Routledge，2015：48.

自然有义务尊重和促进人权①。主权养老基金敏感的政府背景往往引发被投资国的担忧。有人认为，主权养老基金可能利用在自然资源、金融、军工等敏感行业的投资获取重要情报，危害投资国的国家安全。为避免这一担心，赢得更好的投资环境，主权养老基金除了不断强调其追求投资收益和满足老龄化需求的目标外，还在社会责任投资等方面进行了明确。大多数主权养老基金都将军工、烟草等敏感行业以及涉及违反人权、腐败等问题的公司排除在投资范围之外，以避免投资可能引起的争议。例如挪威政府全球养老基金不仅将上述行业排除在外，还在投资政策中规定，不能在投资中获得上市公司的控制权，希望赢得所投资市场的好感。

6.1.4　低成本追求

社会责任投资是公共养老基金的最佳选择，因为它们可以在提高社会公司行为的整体质量方面发挥关键作用②。主权养老基金资金量巨大，投资中对单一公司的持股量也相应较大。当所投资公司出现问题或出现社会责任方面的不良记录时，虽然在理论上基金可以通过“用脚投票”的方式，即用撤资来对这些公司施加压力；但是在实践中，出售股权会导致大量交易成本的产生，并且这一决策需要一定程度上的市场流动性作为保证，在市场低迷的时候撤资往往是非常困难的。为避免交易成本上升而影响基金整体绩效，一方面，基金通过一定标准对一些具有不良记录的公司或信用等级较低的资产进行排除，以避免上述情况的发生。另一方面，基金也会采取一定行动去纠正这些问题公司的负面后果，即对所投资公司实施积极、直接的治理。这种“用手投票”的方式往往是通过股东投票权或股东提案的方式来进行的③。通过一系列的手段将社会责任理念落实到被投资公司的经营中，既能降低用脚投票的交易成本和风险，又能很好地提升企业的社会责任行为，从而实现整个基金的可持续性。

---

① SULLIVAN R，HACHEZ N. Human rights norms for business：the missing piece of the Ruggie Jigsaw—the case of institutional investors [M] // Mares R. The UN guiding principles on business and human rights. Leiden：Martinus Nijhoff Publishers，2012：217—244.

② SETHI S P. Investing in socially responsible companies is a must for public pension funds—because there is no better alternative [J]. Journal of business ethics，2005，56 (2)：99—129.

③ VAN D Z E. Sovereign wealth funds and socially responsible investments：dos and don’ts [J]. European company law，2012，9 (2)：141—150.

6.2 主权养老基金社会责任投资策略分析

6.2.1 排除或撤资

排除（exclusions）即将基金认为不道德的或具有高 ESG 风险的行业或公司剥离在基金的投资范围之外。排除或撤资是目前各主权养老基金在社会责任投资方面采取的最普遍的策略之一。一般而言，基金通过设置一定的标准对基金的投资范围进行筛选，不允许基金投资于限制范围之内的行业或公司。这些标准一般包括：投资标的本身为有害或不道德的产品，如烟草、酒精、武器等；存在一定争议或危害社会安全的产品，如侵犯人权的雇佣关系、严重的环境污染、假冒伪劣产品等。表 6－1 列出了各主权基金排除行业或公司标准。

表 6－1　各主权基金排除行业或公司标准

国家	排除标准
挪威	生产违反正常人道主义原则武器的
	生产烟草的
	向受投资限制的国家出售武器或军用物资的公司
	从煤炭生产中获得 30％或更多收入的矿业公司
	从煤炭中获得 30％或更多收入的电力公司
	严重或系统地侵犯人权行为
	在战争或冲突中严重侵犯个人权利的行为
	严重破坏环境
	由公司总体层面的行为或疏忽导致不可接受的温室气体排放
	严重腐败
	其他严重违反基本道德规范的行为

续表

国家	排除标准
新西兰	集束弹药的制造
	烟草制造
	核爆炸装置的制造或测试
	制造杀伤人员地雷
	加工鲸鱼肉
	休闲大麻
	制造民用自动和半自动枪支或零件
法国	核武器
	大规模杀伤性武器
	核武器、生物武器和化学武器
	杀伤人员地雷、集束炸弹和某些常规武器
	烟草
	收入的 10%以上来自动力煤开采或燃煤电力、热力或蒸汽发电业务的公司
澳大利亚	违反《集束弹药公约》的公司
	违反《渥太华禁雷公约》的公司
	直接参与制造完整烟草产品的公司

资料来源：笔者根据各养老基金网站或年度报告整理而得。

挪威财政部通过制定《挪威政府全球养老基金观察和排除指南》设定排除标准。指南中主要的排除类别包括两大类：第一，基于产品或行为的道德排除。如果存在上述产品或行为，由挪威财政部成立的独立的道德委员会就会向挪威银行执行委员会发出排除建议。在收到道德委员会（The Council on Ethics）的建议后，执行委员会就观察和排除公司做出最终决定。第二，基于风险的排除。挪威政府全球养老基金将环境、社会和治理问题纳入风险管理之中，如果认为投资某些公司将导致长期风险的增加，则将会从这些公司撤资。挪威财政部认为，导致风险增加的行为包括：以不可持续的方式开展业务，或者可能产生负面的财务后果。基金会随着时间的推移减少对这些公司的投资，并且宁愿将资金分配给具有可持续商业模式的公司。基于风险从公司撤资通常是最后的手段。2005 年以来，挪威政府全球养老基金已经排除了 163 家公司，其中生产动力煤、环境破坏、生产核武器、生产烟草等公司位于被排除数量的前列。

与挪威 GPFG 一样，新西兰超级年金基金也将排除作为符合社会责任投资标准的一种手段。2009 年之前，由监管人委员会任命的责任投资委员会负责起草责任投资政策并检测其执行情况，同时就 ESG 问题向监管人委员会提供一般咨询建议。2009 年 10 月之后，基金公开承诺将 ESG 问题纳入基金整个决策过程，监管人委员会承担对社会责任投资的直接监督，从而解散了责任投资委员会。在责任投资监测方面，基金监管人委员会主要依赖外部机构，对投资组合的责任投资和道德标准进行监测。和挪威不同的是，新西兰 NZSF 的 ESG 战略侧重于“作为负责人的机构行事，促进透明的公司治理，而不一定排除股票或证券”。“排除”被认为是监管人的最后手段，只有在监管人委员会无法通过行使其股东权利带来积极结果的情况下才使用。

如图 6－1 所示，与挪威 GPFG 偏重于能源、环境等不同，新西兰 NZSF 排除的公司主要集中在烟草、休闲大麻和杀伤性武器等方面。

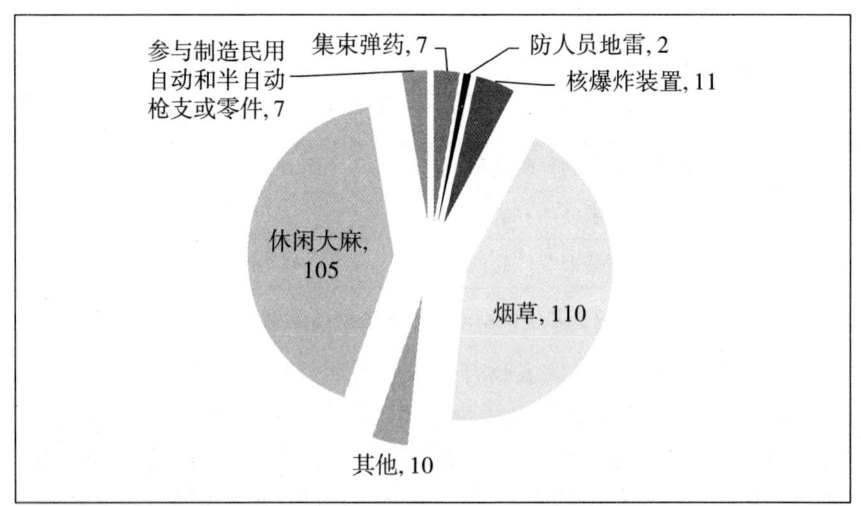

图 6－1　2019 年被新西兰 NZSF 排除的公司（原因与数量统计，单位：家）

资料来源：新西兰超级年金基金网站，https://www.nzsuperfund.nz/publications/annual-reports/。

同样，澳大利亚未来基金将排除作为最后的约束手段。2009 年以来，基金限制所有投资管理人员投资于可能受 2008 年《集束弹药公约》或 1997 年《渥太华禁雷公约》限制的公司发行的证券。2013 年 2 月，董事会决定限制投资管理人员投资于直接参与制造完整烟草产品公司发行的证券。未来基金网站上公布的排除清单主要包括 31 家参与烟草制品初级生产和 9 家违反相关武器公约的公司。

法国 FRR 要求其社会责任投资战略必须符合联合国全球契约的十项原则，同时也参考符合国际劳工组织认可的基本标准。在法国的社会责任投资战略中并没有明确规定排除的行业及范围，其具体操作过程中主要是将参与了大规模杀伤性武器、核武器、集束炸弹、杀伤人员地雷以及化学和生物武器等生产的公司进行识别和排除，并列出排除清单。

从排除方式的运用看，各国主要根据一些国际公约和国际组织的限制标准制定自身的规则。挪威将排除作为责任投资的基础办法，其项目清单最全，排除清单也涉及了排除原则中所有的类别。法国的排除虽然涉及了人权、环境、武器等多个方面，但所列出的排除清单主要为武器、烟草制造和碳排放领域。新西兰和澳大利亚则希望通过积极地参与公司治理来改善所投资公司的行为，而将排除作为最后的手段。

6.2.2　将 ESG 整合进投资流程

近年来，人们越来越意识到将 ESG 因素纳入投资流程的经济效益。新西兰超级年金基金将 ESG 作为风险分配流程（RAP）中的一个组成部分进行考虑。监管人认为，ESG 既是投资机会的来源，也是管理风险的手段。超级年金基金使用 RAP 对现有和潜在的投资机会进行排名和绘制。具体的整合内容包括以下几方面：①对于外部基金经理，将责任投资能力作为选择基金经理和尽职调查的一部分。一旦基金经理被选中，ESG 整合、投票、参与、排除等责任投资要求都会被纳入监管人与经理的合同安排中。监管人还定期对外部经理进行责任投资审查，对基金经理 ESG 实践的评级会被纳入基金经理的信用框架中，从而影响受托关系的维持与否。②在直接投资方面，将 ESG 调查作为投资分析的主要组成部分。在做出直接投资决策前，基金在独立专家的支持下评估 ESG 风险和机会，以了解重大的 ESG 风险，并形成基金是否正在充分解决或管理这些风险的观点。在投资过程中，定期报告和检测所进行投资的 ESG 风险，以便随时了解此类风险的变化。有时，基金还对被投资公司进行实地考察，直接评估其 ESG 风险和活动。

澳大利亚未来基金监管委员会认为，ESG 因素的整合使投资者和公司能够更好地了解资产所面临的全部未来风险和机会。除了对基金的具体投资产生影响之外，ESG 因素的健全管理有助于发展更有效和可持续的资本市场，从而提高长期回报。如图 6－2 所示，具体做法包括：①将 ESG 纳入个人投资和投资组合层面的投资决策中，包括选择外部投资经理、评估直接投资等。②董事会将ESG整合到投资委员会的交易尽职调查中，同时支持授权机构指导投资团队处理有关ESG因素的事务。当直接投资（如基础设施或房地产）或外部经理出现不符合责任投资要求时，董事会将在内部对ESG和声誉风险因素进行评估。这些评估由相关的部门团队具体执行，由专门的ESG团队提供支持。此外，基金还聘请第三方顾问加入以强化ESG尽职调查活动。③将中长期趋势分析作为ESG因素的重要组成部分进行充分考虑。④将可能对业绩结构产生重大风险的气候因素纳入投资决策。作为多元化投资组合的一部分，基金投资于一系列清洁技术，如风能、太阳能等，从而提高在风险调整基础上的预期回报。⑤密切评估一些颠覆性创新对投资组合带来的影响，如自动驾驶汽车对基础设施投资的影响，电子商务范围的扩大对零售业资产的影响。基金将这些因素整合进投资框架之中，以便更加周密地评估长期投资业绩，构建投资组合。

图6－2　澳大利亚未来基金ESG整合内容

资料来源：澳大利亚未来基金网站，https://www.futurefund.gov.au/about－us/publications，笔者整理绘制。

如图6－3所示，首先，法国FRR将ESG纳入资产管理流程的第一种方式是测量和跟踪特定FRR标准的变化，一方面在指标中尽可能地明确FRR所坚持的价值观，另一方面支持所投资公司的持续改进。其次，从内部监控所有与ESG相关的财务风险，重点关注社会责任标准对公司业绩的可靠性影响。再次，通过投票和定期交流的形式监控外部基金经理的ESG战略。在基金经理作出选股决策时，要对投资的公司进行企业社会责任研究。最后，FRR通过专业人员筛选出有社会使命的公司，并为其提供资金。

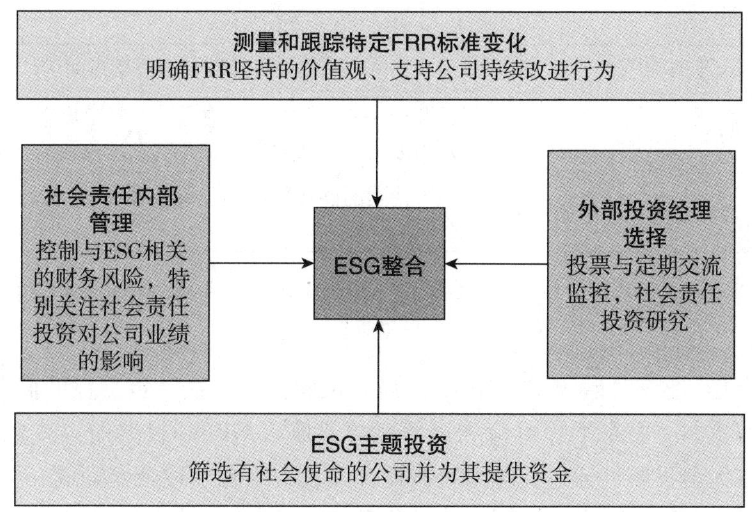

图 6−3　法国 FRR 的 ESG 投资流程整合方式与内容

资料来源：法国养老储备基金网站，https://www.fondsdereserve.fr/en/socially-responsible-investment，笔者绘制。

6.2.3　投票

投票是机构投资者行使股东权利的重要工具，机构投资者通过在股东大会上使用投票权来保护基金的资产。投票权的运用也体现在主权养老基金责任投资方面，以促进机构的良好治理、业绩改善和负责任的企业行为。

在 ESG 管理策略方面，挪威通过制定了投票指南来提供投票的基本原则。如表 6−2 所示，挪威的投票指南以 G20 和 OECD 公司治理原则为基础，投票指南包含了大多数投票决定的范围，如果遇到与指南相关度较低的情况，挪威银行投资管理部则会单独分析议程，根据基金的长期利益投票。

表 6−2　挪威 GPFG 投票原则

投票主题	挪威银行投资管理投票指南
机构投资者、股票市场和其他中介机构	最大化所投资公司的长期盈利能力，支持基金的回报目标，增强透明度
有效率的公司治理框架	鼓励公司创造长期价值
董事会的职责	董事会组成，董事承诺和董事会更新，董事会问责制，高管薪酬
股东权利	增强股东权利，努力实现股东公平待遇

续表

投票主题	挪威银行投资管理投票指南
披露和透明度	促进及时、充分和透明的沟通，披露年度报告和账目，遵守当地公司治理准则
利益相关者在公司治理中的作用	促进可持续的商业实践，加强风险管理，提供环境和社会风险报告

资料来源：挪威政府全球养老基金网站，https://www.nbim.no/en/the-fund/，笔者整理。

基金参与投票的主要内容包括：强调长期价值创造、负责任的商业行为、董事会问责制、股东平等对待和透明度等。挪威 GPFG 投票的方式包括直接参与股东大会投票、通过代理系统投票和与投资组合经理合作完成。

新西兰 NZSF 在全球范围内行使投票权，通过跨市场和资产类别的高治理标准来监控可能违反 ESG 标准的投资组合。在参与无效的情况下，基金会考虑将该公司排除在外。与挪威 GPFG 一样，新西兰 NZSF 通过制定投票政策作为行使投票权的基本准则，全球市场的投票政策以 G20 和 OECD 公司治理原则为基础，新西兰国内的政策以新西兰公司治理指南为基础。

与挪威 GPFG 相似，澳大利亚 FF 在行使投票权时也分为直接参与和代理投票。基金制定的投票原则主要包括上市公司的信息披露、股东权利的尊重和平等对待、董事会能力、风险管控体系以及绩效评估和激励机制等是否与基金的长期利益保持一致。针对澳大利亚市场的上市公司由基金直接行使投票。如果发现公司决议与基金治理原则相冲突或不符合基金的最佳利益时，将投票反对公司董事会提案。如表 6－3 所示，2018—2019 年，基金总共参加 212 次会议，共表决了 1070 项议案，针对澳大利亚本土公司提案的反对决议占总决议的 8.0%。

表 6－3　2018—2019 未来基金参与本土公司投票统计

决议类型	决议数量（次）	赞成比例	弃权比例	反对比例
董事当选	456	96.7%	0.0%	3.3%
批准薪酬报告	189	81.0%	1.1%	18.0%
批准薪酬补助金	200	83.5%	0.0%	16.5%
其他报酬	20	95.0%	0.0%	5.0%
资本管理	48	89.6%	6.3%	4.2%

续表

决议类型	决议数量（次）	赞成比例	弃权比例	反对比例
董事费用	28	100.0%	0.0%	0.0%
兼并与收购	29	100.0%	0.0%	0.0%
其他	100	99.0%	0.0%	1.0%
总数	1070	91.5%	0.5%	8.0%

资料来源：澳大利亚未来基金网站，https://www.futurefund.gov.au/about－us/publications。

对海外上市公司，基金通过外部基金经理行使投票权。监管人委员会认为基金经理作为代理者能更好地评估所投资公司的治理情况。监管人委员会对代理投票进行监督，基金经理代理投票的质量会作为 ESG 审核评估的一部分内容。同时，监管人委员会保留对海外公司直接投票的权利。表 6－4 列出了 2018—2019 年澳大利亚参与海外公司投票统计情况。

表 6－4　2018—2019 年澳大利亚参与海外公司投票统计

决议类型	决议数量	赞成比例	弃权比例	反对比例
资本管理	3975	75.7%	0.1%	24.3%
选举董事	16477	89.3%	1.6%	9.1%
兼并与收购	726	89.1%	0.1%	10.7%
报酬	3751	86.0%	1.5%	12.6%
其他	13173	85.5%	5.2%	9.3%
总数	38102	86.2%	2.7%	11.1%

资料来源：澳大利亚未来基金网站，https://www.futurefund.gov.au/about－us/publications。

根据法国 FRR 的相关基础文件，法国 FRR 规定对任何一家机构所持有的资产份额不得超过 3%。基金的投票权由其选择的资产管理人代理行使。2017 年，法国 FRR 通过其资产管理公司参加了 99%的股东大会，对 37258 项议案进行投票，分布在构成其发达市场股票投资组合的 32 个国家。其中对股东大会上提交的议案投赞成票（FOR）的占总议案的 86.6%，1.4%弃权，12.0%投了反对票。

6.2.4 合作治理

挪威 GPFG 将参与公司 ESG 治理作为行使所有权的一个重要方面。参与公司治理的途径之一是通过参加投资者会议了解公司的运营、治理和前景。基金既与公司代表会面，了解其运营情况，同时也与公司的主席和其他董事密切接触，讨论公司战略、绩效、监督、提名流程和董事会组成等方面的事项。以 2018 年为例，基金在当年共与 1420 家公司举行了 3256 个会议，具体见表 6－5，会议涉及了几乎所有的投资行业，持有的股份占到总投资组合 65.8％。

表 6－5　2018 年挪威 GPFG 参与公司会议情况（按行业划分）

行业	公司会议（次）	股权占投资组合百分比
基础材料	253	3.5％
消费品	574	9.5％
消费者服务	223	5.3％
金融	893	15.9％
健康保健	262	7.8％
工业	411	6.0％
油气	114	4.0％
科技	205	9.0％
电信	164	2.6％
公用事业	157	2.1％
总计	3256	65.8％

资料来源：挪威政府全球养老基金责任投资年度报告（2018）。

在所参加的 3256 次会议上，有 1493 次会议提出了 ESG 问题，占当年会议总量的 46％，其中涉及治理问题的有 1348 次（占 78％），有 33％的会议上提及环境问题，提及社会问题的占 24％。

表 6－6　2018 年挪威 GPFG 与持股公司 ESG 问题对话数量

类别	主题	会议数量（次）	所持股占总投资组合百分比
环境	气候变化	272	16.3％
	水管理	75	4.9％
	其他环境问题	214	12.9％

续表

类别	主题	会议数量（次）	所持股占总投资组合百分比
社会问题	人权	64	6.2%
	儿童权益	27	2.5%
	税收和透明度	59	5.7%
	反腐败	50	6.2%
	其他社会问题	217	15.0%
治理	董事会责任和有效性	233	20.1%
	薪酬	196	19.0%
	股东权利	108	8.2%
	其他治理问题	811	34.4%

资料来源：挪威政府全球养老基金责任投资年度报告（2018）。

参与对所投资公司的 ESG 问题治理也是新西兰超级年金基金责任投资的重要内容。监管委员会认为，只有在参与无效的情况下，才考虑将该公司排除在投资名单之外。监管委员会与被投资公司就董事会组成、董事会独立性、薪酬、多元化、气候变化、ESG 报告以及企业文化等问题进行直接接洽。表 6—7 为监管委员会 2017—2018 年直接参与公司治理的部分活动。

表 6—7　2017—2018 年新西兰超级年金基金直接参与公司治理部分主题与成果

ESG 问题	行业	目标	焦点公司数量（家）	成果
人权与安全	采掘业	鼓励企业实施联合国工商业与人权指导原则	32	100%的公司公开披露人权政策承诺，大多数公司将此承诺记录在内部政策和管理流程中，75%的公司将人权因素纳入风险管理流程，三分之二的公司报告了人权风险识别和评估，50%的公司制定了对人权制动的回应方式
可持续棕榈油生产	棕榈油种植者	改善和促进可持续棕榈油生产的实践	5	5 家公司中有 4 家承诺加强可持续发展政策
环境污染	金属和采矿业	改善废水排放管理	1	该公司披露其污染控制工作和环境恢复义务

续表

ESG 问题	行业	目标	焦点公司数量（家）	成果
气候变化	跨行业	改善公司的碳足迹披露	126	8%的目标公司改善了碳足迹的披露
气候变化	跨行业	增加报告气候变化排放的公司数量	5651	41%的公司在 2017 年回应了 CDP 气候变化调查，89%的公司都有减排目标
ESG 管理	跨行业	促进公司 ESG 方面的行动	18	—

资料来源：新西兰超级年金基金网站，https://www.nzsuperfund.nz/publications/annual-reports/。

在全球治理中，新西兰 NZSF 主要通过蒙特利尔银行（BMO）间接参与。2015 年，基金监管委员会与新西兰皇家金融机构（ACC）决定由蒙特利尔银行（BMO）提供责任投资的全球参与服务。2018 年 6 月至 2019 年 6 月的一年中，BMO 代表监管人与 41 个国家的 580 家公司就一系列问题进行了深入接触。其中涉及劳动标准、人权、气候变化、敏感性环境运营、资源与公司治理等。

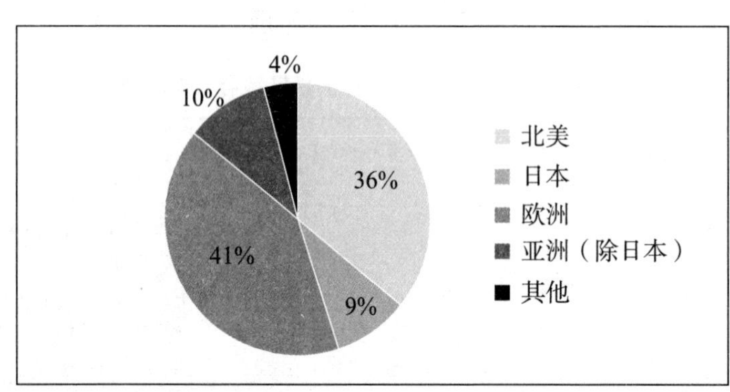

图 6-4　2018 年 6 月—2019 年 6 月 BMO 就 ESG 问题接触的公司所在地区

资料来源：新西兰超级年金基金网站，https://www.nzsuperfund.nz/publications/annual-reports/。

澳大利亚 FF 将参与公司治理视为投票活动的补充。与被投资公司的合作不仅能保护基金的利益，也能提高 ESG 管理质量，有利于实现长期价值。在股票投资市场，基金采取直接参与和间接参与相结合的方式。针对澳大利亚注册的公司，基金直接参与其公司治理中，这既有助于改进公司治理的实践，也能更好地了解投资对象面临的战略风险和机遇。在国际市场上，基金通过投资经理参与公司治理。

在参与公司 ESG 治理方面，法国 FRR 主要通过其基金经理与所投资公司的交流来实施。法国 FRR 社会责任投资战略（2013—2017）将其活动程序描述为：FRR 有一系列可供选择的手段开展与公司的对话，如果公司拒绝终止违规，作为最后的手段，则需要将公司列入投资排除名单。与公司的对话将通过投资经理进行，以利用其管理的资产数量及其研究能力所带来的杠杆作用。

6.3 主权养老基金社会责任投资绩效分析

6.3.1 责任投资的社会效应

1. 持股公司碳排放逐渐降低

碳排放方面，挪威、法国和新西兰公布了相关数据。如图 6－5 所示，截至 2017 年底，法国 FRR 股票投资组合的碳足迹为每百万欧元收入约产生 251.1 吨二氧化碳当量，比基准指数低 22.8％。2013 年至 2017 年期间，法国 FRR 的投资组合减少了 37.8％的碳足迹，而基准则下降了 19.6％。这种表现主要源于 2014 年以来对被动管理的股票投资组合进行的脱碳过程。股权投资组合中，每百万欧元收入的碳排放量为 163.8 万吨，低于基准 16.5 个百分点。按此标准衡量，法国 FRR 的投资组合在 2013 年到 2017 年间减少了 45.3％的碳足迹。

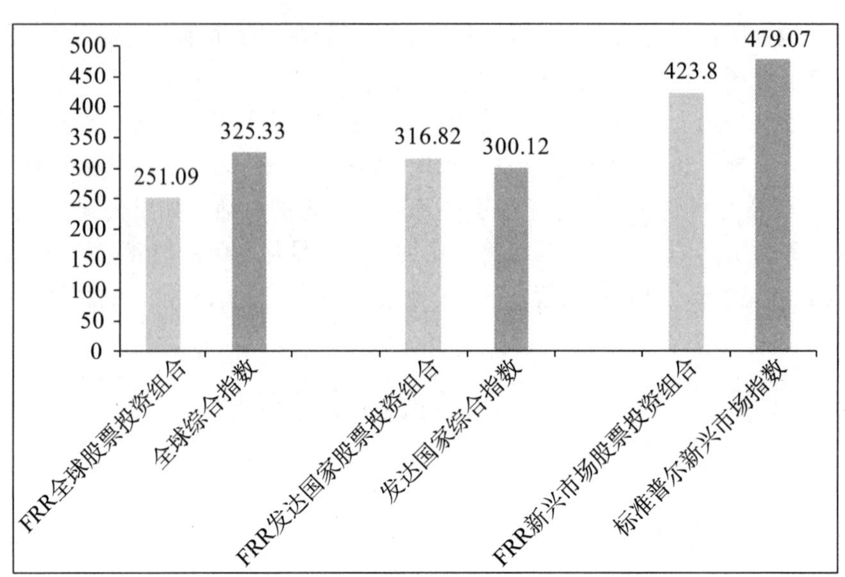

图 6—5　2017 年法国 FRR 每百万欧元收入的二氧化碳排放量比较（单位：吨）

资料来源：法国养老储备基金年度报告（2017）。

按照持股公司的比例计算，2020 年挪威权益投资组合中公司的碳排放总计相当于 9240 万吨二氧化碳当量，比 2017 年减少了 13.6％。

2016 年，新西兰 NZSF 的目标制定为将基金的全球被动管理股权投资组合（约为基金资产的 40％）转向低碳领域。2019 年，基金的碳排放强度①与基准水平相比降低了 43％。

2. 社会与环境保护取得一定进展

挪威 GPFG 的年度报告中披露了部分在社会与环境保护方面取得的成绩。儿童权利方面，如 2018 年挪威评估的 600 家公司中，有 39 家取得了非常好的成绩，119 家公司较好，但仍有 23％的公司没有公布关于儿童权利的信息。气候变化应对方面，评估的 1650 家公司中，有 313 家公司效果非常好，458 家公司为较好，但仍有 46％的公司没有报告相关数据，这一比例比 2017 年下降了 20％左右。在社会问题方面，在评估的 600 家公司中，约有 60％的公司表示，他们将社会问题的经济影响纳入了其战略规划，相比 2017 年增加了 6 个百分点。

① 碳排放强度定义为：二氧化碳排放量除以公司每百万美元销售额。它以每单位产出的碳排放量衡量投资组合，并通过比较排放与产生这些排放的经济活动来衡量投资组合的整体效率。

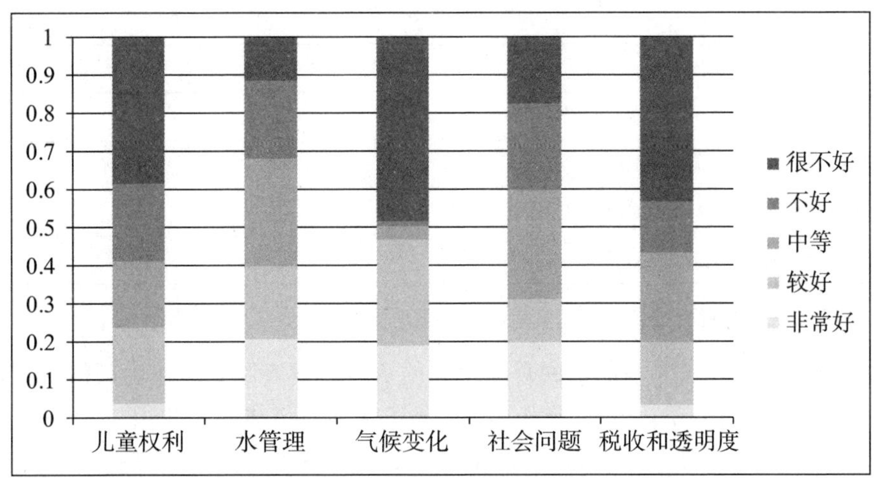

图 6-6　2018 年挪威 GPFG 基金对部分公司报告的 ESG 评估

资料来源：挪威政府全球养老基金年度报告（2018）。

3. 获得国际组织认可

积极参与国际组织与合作是各主权养老基金推动责任投资的重要方式。同时，各主权养老基金的责任投资实践也得到了国际组织的广泛认可。表 6-8 列出了法国、挪威、澳大利亚、新西兰四只主权养老基金参与的部分组织或协定。

表 6-8　主权养老基金参与的部分组织或协定

组织或协定	法国 FRR	挪威 GPFG	澳大利亚 FF	新西兰 NZSF
联合国责任投资原则（UNPRI）	√	√		√
碳信息披露项目（CDP）	√	√		
同一个星球主权财富基金工作组（One Planet Sovereign Wealth Fund Working Group）		√		√
联合国环境规划署金融倡议（UNEP FI）	√	√		√
气候变化机构投资者小组（IIGCC）	√	√		
欧洲公司治理研究所		√		
投资组合脱碳联盟的成员资格	√			

续表

组织或协定	法国 FRR	挪威 GPFG	澳大利亚 FF	新西兰 NZSF
采掘业透明度倡议（EITI）	√			
机构有限合伙人协会（ILPA）			√	
气候相关财务披露工作组（TCFD）		√	√	
机构投资者圆桌会议（IIR）			√	

资料来源：笔者根据各养老基金年度报告整理而得。

法国 FRR 积极参与起草联合国发起的负责任投资原则。作为碳信息披露项目（CDP）的成员，2014 年 FRR 签署了全球投资者气候变化宣言（2014 Global Investor Statement on Climate Change），同时它还是“管理与纺织行业供应链相关额外风险的协作计划”的领导者之一。新西兰超级年金基金在联合国负责任投资原则（UNPRI）2016—2018 年年度报告中获得了负责任投资战略和治理的 A+评级。该基金还在向联合国儿童基金会报告的所有特定资产类别中获得 A 或 A +评级。具体见表 6-10。

表 6-9　UNPRI 对新西兰超级年金基金的评级（2016—2018）

项目		2018 年评级	2017 年评级	2016 年评级	2018 全球平均水平
战略与治理		A+	A+	A+	A0
间接投资	上市股权	A	A+	A+	B
	固定收益（主权/超国家）	A	A	A	C
	固定收益（公司财务）	A	nr	nr	C
	固定收益（公司非财务）	A	A	A	C
	固定收益-证券化	A	A	A	E
	私人产权	nr	nr	A	—
直接投资	上市股权-整合	A	A+	A+	A
	上市股权-主动所有权	A	A	A	B

注：nr 表示无评级。

资料来源：联合国负责任投资年度报告（2016—2018）。

6.3.2 责任投资的经济回报

从理念上看，进行社会责任投资是主权养老基金的必然选择，但偏重于社会责任是否会对其经济绩效的追求产生影响？大量的研究者对此进行了多项实证研究。Gunnar Friede，Timo Busch，Alexander Bassen（2015）运用 Meta 分析对前期研究做了评述。他们发现大约 90％的研究认为社会责任投资和财务回报之间存在非负关系，社会责任投资对财务回报的积极影响随着时间的推移呈现稳定趋势①。

1. 数据来源

本节选用汤森路透 ESG 指数［包括全球（不含美国）ESG 指数 TRESG TX、新兴市场指数 TRESG EX、美国大盘 ESG 指数 TRESG US、欧洲 ESG 指数 TRESG EU］和常用市场指数，如 MSCI 全球指数（MSCI WORLD）、MSCI 世界所有市场指数（MSCI ACWI）、MSCI 美国市场指数（MSCI US）、MSCI 欧洲市场指数（MSCI EU）、MSCI 欧洲和远东指数（MSCI EAFE）、MSIC 新兴市场指数（MSCI EM）。选取两组数据的原因在于一是数据的权威性和代表性，二是在各国主权养老基金多是以 MSCI 指数来作为绩效衡量的基准②。

2. 名义收益率比较分析

首先在年平均收益率上，2011 年至 2018 年的 8 年间，美国市场指数收益率最高，其中 MSCI US 为 13.71％、TRESG US 为 11.89％；新兴市场出现了负收益，TRESG EX 为－0.76％、MSCI EM 为－0.77％。但从总体年均收益率来看，社会责任投资与传统指数之间不存在显著差异。

---

① GUNNAR F，TIMO B，ALEXANDER B. ESG and financial performance：aggregated evidence from more than 2000 empirical studies［J］. Journal of sustainable finance & investment，2015，5（4）：210－223.

② MANSI J，GAGAN D S，MRINALINA S. Can sustainable investemnt yield better financial returns：a comparative study of ESG Indices and MSCI Indices［J］. Risks，2019，7（1）：15.

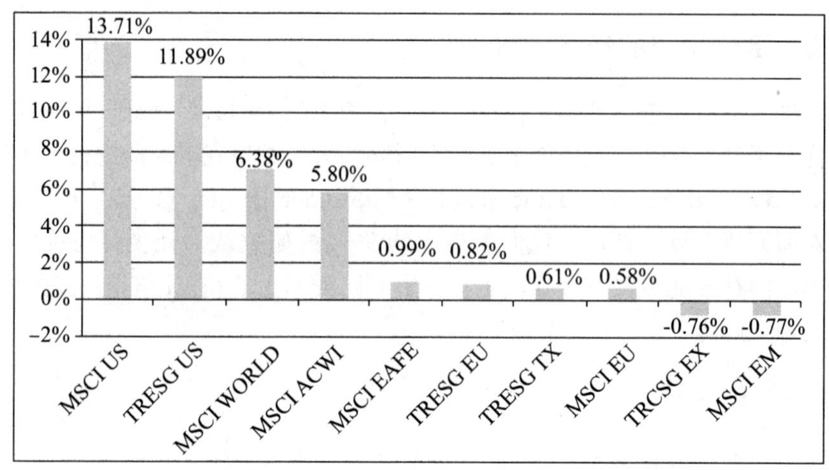

图 6-7 各指数年平均收益率（2011—2018）

资料来源：笔者根据汤森路透 ESG 指数网站及 MSCI 指数网站数据整理①。

图 6-8 显示了各指数月收益率波动情况，总体上各指数波动呈现出一致性。美国市场的波动率最小，欧洲市场的波动率较大②。

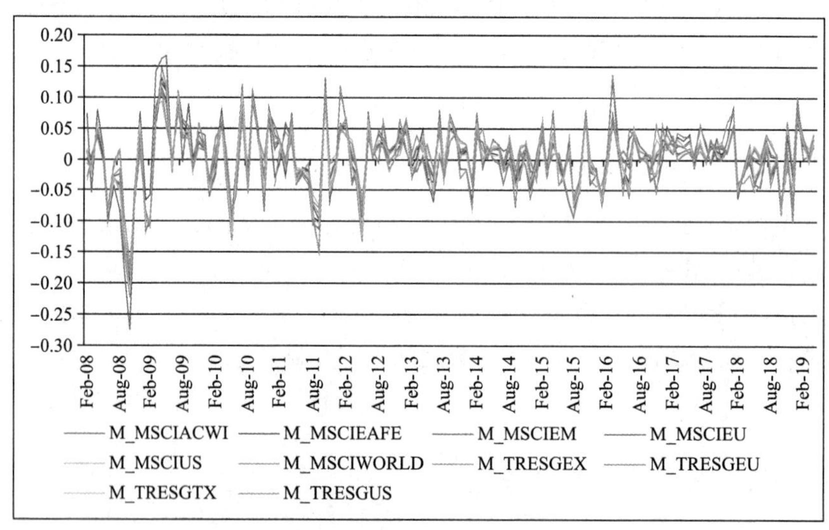

图 6-8 各指数月收益率变动情况（2008—2019）

资料来源：笔者根据汤森路透 ESG 指数网站及 MSCI 指数网站数据整理。

① 汤森路透 ESG 指数网站：https://snetworkglobalindexes.com/indexes/refinitiv-s-network-esg-best-practices。MSCI 指数网站：https://www.msci.com/。

② 月收益率根据各指数的每月收盘指数计算得出。

如表6－10所示，MSCI ACWI、MSCI EAFE、MSCI EM、MSCI EU、MSCI US、MSCI WORLD、TRESG EX、TRESG EU、TRESG TX、TRESG US的月平均回报率分别为0.372%、0.088%、0.196%、0.072%、0.664%、0.401%、0.053%、0.122%、0.108%、0.671%。美国市场的两项数据最高，MSCI US为0.664%，TRESG US为0.671%，ESG回报率略高于常用市场回报率；新兴市场上，TRESG月均回报率为0.053%，MSCI EM为0.196%，ESG回报率低于常用市场指数；欧洲市场的ESG月均回报率为0.012%，低于常用市场的0.072%；全球市场上常用市场的MSCI ACWI月均回报率为0.372%，高于TRESG TX 0.26个百分点。从收益率变动程度看，MSCI EM最高，为0.06295，MSCI US最低为0.04340，TRESG US为0.04597。可见，美国市场无论从收益率还是收益率变动情况来看都要好于其他市场，同时在美国市场中常用指数和ESG指数收益率差别较小，即在美国市场社会责任投资与传统投资不存在回报和风险上的差距，社会责任指标和传统指标之间是整合的。欧洲市场上，ESG指数和传统市场指数变动率也非常接近，表明其风险程度也存在一致性。新兴市场中，虽然ESG指数的收益率要小于传统指数，但变动率也同样低于传统指数，表明在新兴市场上考虑ESG的投资风险要低于不考虑ESG的风险。

表6—10　各指数月收益率描述性统计结果

变量	变量代码	Obs	Mean	Std. Dev.	Min	Max
MSCI EM月收益率	M _ MSCIEM	135	0.00196	0.06295	－0.27500	0.16657
TRESG EL月收益率	M _ TRESGEU	135	0.00122	0.05765	－0.22263	0.14778
MSCI EU月收益率	M _ MSCIEU	135	0.00072	0.05613	－0.21318	0.13158
TRESG TX月收益率	M _ TRESGTX	135	0.00108	0.05269	－0.21679	0.12712
MSCI EAFE月收益率	M _ MSCIEAFE	135	0.00088	0.05124	－0.20239	0.12271
TRESG EX月收益率	M _ TRESGEX	100	0.00053	0.05012	－0.15170	0.13760
MSCI ACWI月收益率	M _ MSCIACWI	135	0.00372	0.04708	－0.19906	0.11483
MSCI WORLD月收益率	M _ MSCIWORLD	135	0.00401	0.04597	－0.19045	0.10904
TRESG US月收益率	M _ TRESGUS	135	0.00671	0.04510	－0.17740	0.11709
MSCI US月收益率	M _ MSCIUS	135	0.00664	0.04340	－0.17247	0.10833

注：表中月收益率数据为小数形式。

3. 收益率波动及关联性分析

为考察传统股票指数与ESG指数的收益率波动和未来趋势，本节选用美国大盘ESG指数（TRESG US）、MSCI美国市场指数（MSCI US）在2014年5月2日—2019年5月2日六年间的日收盘指数的对数收益率作为基本比对指标。TRESG US和MSCI US两个指数在剔除休市日期和个别不同日期后分别得到1301个收益率数据①。

如图6−9、6−10所示，从两组数据的统计性描述看，在均值上MSCI US略高于TRESG US，同时波动性也要略低于TRESG US。两组数据的偏度均小于0、峰度大于3，Jargue−Bera统计量较大，因此拒绝正态分布的假设，两组数据存在尖峰厚尾性。

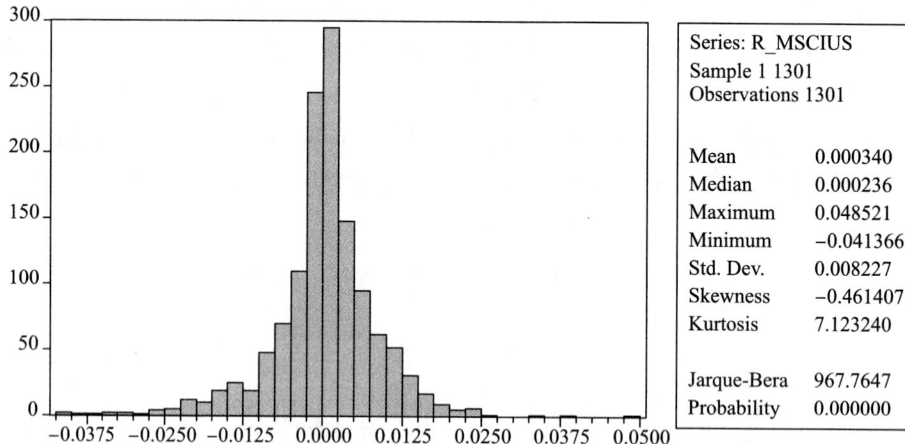

图6−9　MSCI美国市场指数日收益率数据统计性描述

① MSCI US和TRESG US的月收益率分别用R_MSCIUS和R_TRESGUS来表示，其他类似。

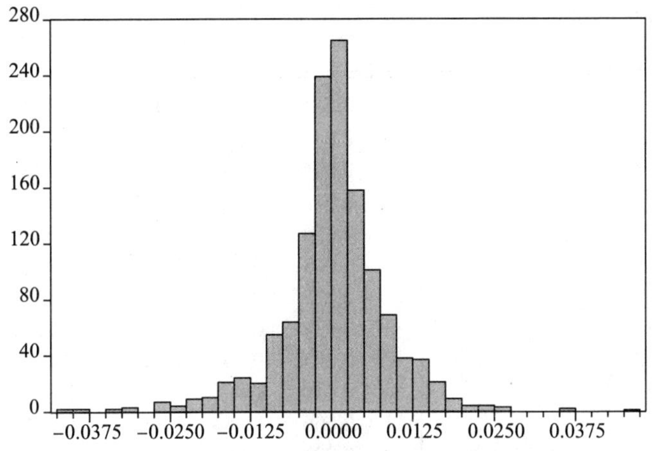

图 6-10　美国大盘 ESG 指数日收益率数据统计性描述

在建模之前对两组数据进行平稳性检验。如表 6-11 所示，两组数据的 ADF 值均小于 1%、5%和 10%的临界值水平，属于平稳序列。

表 6-11　R _ MSCIUS 和 R _ TRESGUS 平稳性检验

R _ MSCIUS:		t-Statistic	Prob. *
Augmented Dickey-Fuller test statistic		-35.83587	0.0000
Test critical values:	1% level	-3.435169	
	5% level	-2.863556	
	10% level	-2.567893	
R _ TRESGUS:		t-Statistic	Prob. *
Augmented Dickey-Fuller test statistic		-35.87954	0.0000
Test critical values:	1% level	-3.435169	
	5% level	-2.863556	
	10% level	-2.567893	

首先通过图形对两组数据的自相关和偏相关图（AC、PAC）进行直观判断。图 6-11、6-12 显示两组数据的 P 值均大于 0.05，不存在序列自相关。

Autocorrelation	Partial Correlation		AC	PAC	Q-stat	Prob
		1	0.004	0.004	0.0256	0.0873
		2	-0.048	-0.048	3.0582	0.217
		3	0.044	0.045	5.6187	0.132
		4	-0.020	-0.023	6.1645	0.187
		5	-0.064	-0.059	11.473	0.043
		6	0.003	-0.000	11.487	0.074
		7	0.013	0.009	11.709	0.111
		8	-0.026	-0.021	12.605	0.126
		9	-0.003	-0.005	12.620	0.181
		10	0.010	0.004	12.764	0.237
		11	-0.006	-0.004	12.816	0.306
		12	0.001	0.003	12.818	0.382

图 6－11　R _ TRESGUS 自相关、偏相关检验

Autocorrelation	Partial Correlation		AC	PAC	Q-stat	Prob
		1	0.004	0.004	0.0256	0.0873
		2	-0.048	-0.048	3.0582	0.217
		3	0.044	0.045	5.6187	0.132
		4	-0.020	-0.023	6.1645	0.187
		5	-0.064	-0.059	11.473	0.043
		6	0.003	-0.000	11.487	0.074
		7	0.013	0.009	11.709	0.111
		8	-0.026	-0.021	12.605	0.126
		9	-0.003	-0.005	12.620	0.181
		10	0.010	0.004	12.764	0.237
		11	-0.006	-0.004	12.816	0.306
		12	0.001	0.003	12.818	0.382

图 6－12　R _ MSCIUS 自相关、偏相关检验

其次，对两组数据进行 Johansen 协整检验。如表 6－12 所示，Trace Statistic 值为 698.1153，大于 0.05 水平上的临界值 20.26184，不拒绝 H_0：没有协整关系的原假设，表明两组变量之间存在一种联动性，也就是长期稳定关系。

表 6－12　Johansen 协整检验输出结果

Unrestricted Cointegration Rank Test (Trace)				
Hypothesized		Trace	0.05	
No. of CE (s)	Eigenvalue	Statistic	Critical Value	Prob. **
None*	0.305804	698.1153	20.26184	0.0001
At most 1*	0.159424	225.0738	9.164546	0.0001
Trace test indicates 2cointegrating eqn (s) at the 0.05 level * denotes rejection of the hypothesis at the 0.05 level ** MacKinnon-Haug-Michelis (1999) p-values Unrestricted Cointegration Rank Test (Maximum Eigenvalue)				
Hypothesized		Max-Eigen	0.05	
No. of CE (s)	Eigenvalue	Statistic	Critical Value	Prob. **
None*	0.305804	473.0415	15.89210	0.0001
At most 1*	0.159424	225.0738	9.164546	0.0001
Max-eigenvalue test indicates 2cointegrating eqn (s) at the 0.05 level * denotes rejection of the hypothesis at the 0.05 level ** MacKinnon-Haug-Michelis (1999) p-values Unrestricted Cointegrating Coefficients (normalized by b' * S11 * b=I):				
R_TRESGUS	R_MSCIUS	C		
1070.524	-1107.129	0.041589		
-190.1499	-109.4397	0.095255		
Unrestricted Adjustment Coefficients (alpha):				
D(R_TRESGUS)	-0.001830	0.000547		
D (R_MSCIUS)	0.001105	0.003482		
1Cointegrating Equation (s):		Log likelihood	9988.222	
Normalizedcointegrating coefficients (standard error in parentheses)				
R_TRESGUS	R_MSCIUS	C		
1.000000	-1.034194	3.88E-05		
	(0.01182)	(3.9E-05)		

续表

Adjustment coefficients (standard error in parentheses)				
D(R _ TRESGUS)	−1.959261 (0.09189)			
D (R _ MSCIUS)	1.182745 (0.26493)			

如表 6−13、6−14 所示，对两组对数收益率数据进行 GARCH 建模。在分别进行 GARCH（1，1）、GARCH（2，1）、GARCH（2，2）建模后，经过对比发现 GARCH（1，1）通过显著性检验。

表 6−13 R _ MSCIUS 的 GARCH（1，1）输出结果

Variable	Coefficient	Std. Error	z−Statistic	Prob.
Variance Equation				
C	3.82E−06	4.67E−07	8.183350	0.0000
RESID $(-1)^2$	0.172349	0.017011	10.13187	0.0000
GARCH (−1)	0.772639	0.019949	38.73131	0.0000
R−squared	−0.001714	Mean dependent var		0.000340
Adjusted R−squared	−0.000944	S. D. dependent var		0.008227
S. E. of regression	0.008231	Akaike info criterion		−7.038266
Sum squared resid	0.088142	Schwarz criterion		−7.026342
Log likelihood	4581.392	Hannan−Quinn criter.		−7.033792
Durbin−Watson stat	1.983923			

表 6−14 R _ TRESGUS 的 GARCH（1，1）输出结果

Variable	Coefficient	Std. Error	z−Statistic	Prob.
Variance Equation				
C	4.47E−06	5.62E−07	7.965601	0.0000
RESID $(-1)^2$	0.176064	0.017267	10.19627	0.0000
GARCH (−1)	0.760248	0.021767	34.92660	0.0000
R−squared	−0.001406	Mean dependent var		0.000313
Adjusted R−squared	−0.000636	S. D. dependent var		0.008344

续表

Variable	Coefficient	Std. Error	z−Statistic	Prob.
S. E. of regression	0.008347	Akaike info criterion		−6.993081
Sum squared resid	0.090643	Schwarz criterion		−6.981158
Log likelihood	4552.000	Hannan−Quinn criter.		−6.988608
Durbin−Watson stat	1.987669			

通过对 MSCI US 的对数收益率波动进行预测，方差预测期内稳定在 0.0007，见图 6−13。

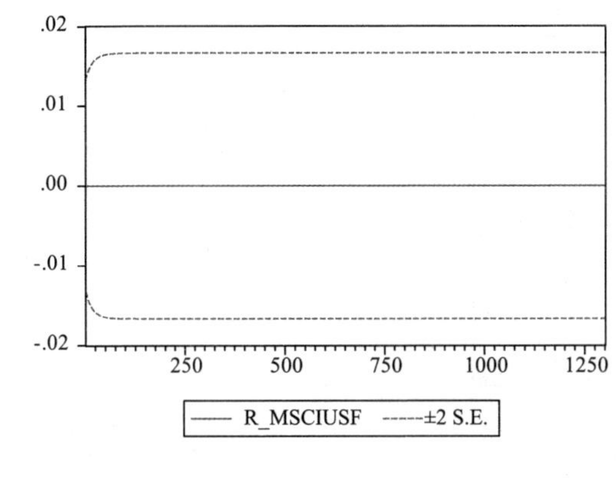

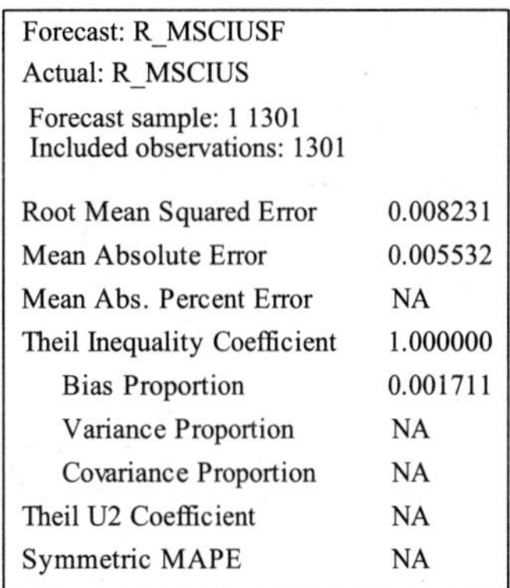

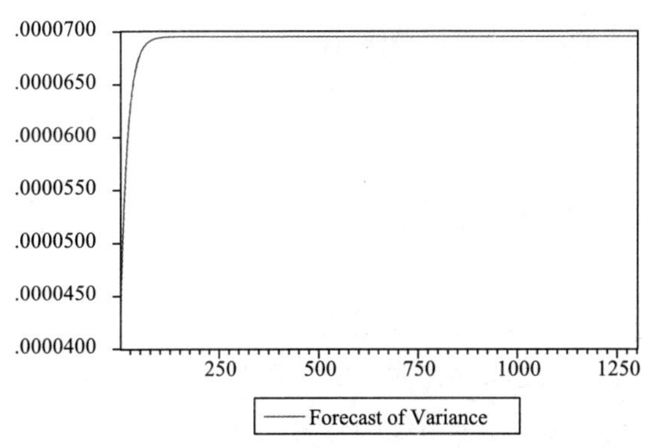

图 6−13　MSCI US 的对数收益率波动预测

TRESG US 的对数收益率波动预测见图 6−14。

由图 6−13、6−14 可知，从两组数据的比较看，可以认为 MSCI US 和 TRESG US 之间存在高度的相关关系，在收益率和波动率上存在显著的一致性，两组数据之间存在显著的信息流，市场是相互整合的，可以用一个市场的指数信息来预测另一个指数。

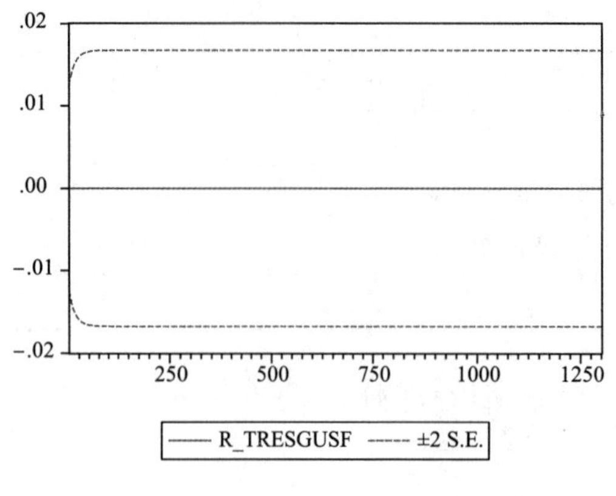

Forecast: R_TRESGUSF	
Actual: R_TRESGUS	
Forecast sample: 1 1301	
Included observations: 1301	
Root Mean Squared Error	0.008347
Mean Absolute Error	0.005676
Mean Abs. Percent Error	NA
Theil Inequality Coefficient	1.000000
Bias Proportion	0.001404
Variance Proportion	NA
Covariance Proportion	NA
Theil U2 Coefficient	NA
Symmetric MAPE	NA

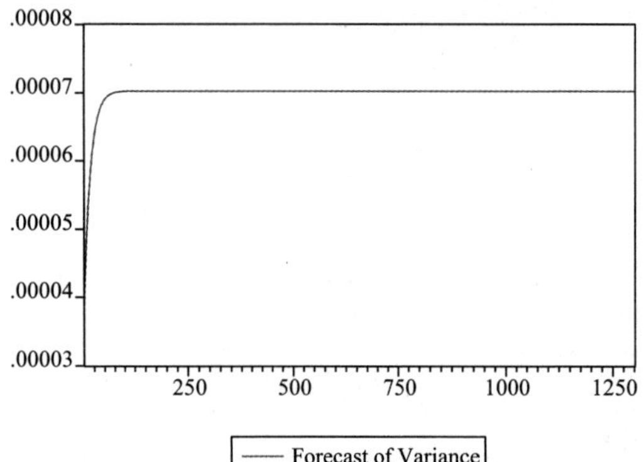

图 6-14　TRESG US 的对数收益率波动预测

4. 结论

本研究的结论是，在五年间，TRESG US 在所有指数中平均回报最高。另外，MSCI ACWI 是风险最小的系列，其次是 MSCI WORLD 和 MSCI USA，而 TRESG EU 的价值变化最大。此外，还发现了 ESG 指数与传统指数之间双向波动溢出的证据。两组指数之间存在明显的信息流，这些市场相互整合，来自一个指数的信息可用于预测另一个指数的行为。因此，主权养老基金应充分考虑这两组指数，从中获得有关投资决策的更多信息。

第 7 章　主权养老基金投资绩效研究

绩效通常表现为成绩或效果。绩效评价是对基金投资效果观察、测量和评价的过程。对主权养老基金的绩效评价可以划分为两个层次：第一个层次为对投资组合的经济绩效评价，主要是对委托投资、内外部管理组合、直接投资等进行业绩评价，以此来反映投资组合管理团队的投资能力，其目的是促进投资组合预期收益目标的实现。进行投资组合评价时除了考虑名义回报率外还要参考投资基准、风险水平、投资策略等因素。第二个层次是对主权养老基金总体业绩的评价，大部分主权养老基金的投资目标不仅仅是追求经济绩效，还有相应的社会绩效，例如社会责任投资、国家声誉等，因此，在投资收益率评价的基础上还要对其进行综合评价以考察其整体投资能力。

目前，发达国家在基金投资绩效评价方面已形成较为系统的方法和指标体系，从最初简单收益率指标到超额收益率、风险调整收益率再到选股能力、择时能力等①。本章主要采用国内外目前已获得公认的一些指标体系和评价方法对各主权养老基金的投资绩效进行评估研究。由于数据可得性等因素，本章主要选取澳大利亚 FF、挪威 GPFG、新西兰 NZSF、法国 FRR、智利 PRF、中国 NSSF 等基金的投资收益数据进行分析。

7.1　主权养老基金收益率指标分析

7.1.1　名义回报率比较分析

收益率是衡量投资业绩好坏的重要指标。对名义回报率的分析可以从两个方面来看，一是平均收益率与变动比率，二是累积收益率。

第一，平均收益率与变动比率。过去人们一般认为，收益率高表示投资业

① 熊军. 养老基金投资管理［M］. 北京：经济管理出版社，2014：452.

绩好，收益率低则表示投资业绩差。显然这种将业绩与收益率等同的看法相对片面，只注重收益率指标而不关注其波动情况，不考虑投资风格和投资策略是无法客观反映投资管理人的运营绩效的。因此，在考察收益率指标的同时应考虑其收益变动情况。图 7−1 反映了 6 个基金在 2007—2019 年 13 年间的名义收益率与标准差。其中，新西兰 NZSF 获得了最高的平均名义投资收益率 10.09%，其次为中国 NSSF 的 9.30%，但获得高额收益率的同时，两个基金的变动程度也是最高的。智利 PRF 和法国 FRR 的收益率相对较低，但变动幅度也最小。对于智利而言，其大部分资产投资于固定收益，限制了收益率的提升，但风险也最小；法国 FRR 在 2010 年后将投资组合分解成业绩组合和对冲组合，约占资产一半左右的对冲组合绝大部分投资于固定收益资产，因此整体投资收益率较低，但波动也较小，2010 年后的收益率标准差仅为 0.04。挪威 GPFG 和澳大利亚 FF 收益率和风险居中，但相对而言，挪威 GPFG 的波动率更高而平均收益率低于澳大利亚 FF。从图 7−1 中可以看到，虽然我国全国社会保障基金投资收益率相对较高，但波动也较大，在看中名义收益的同时也需要对风险进行有效规避。

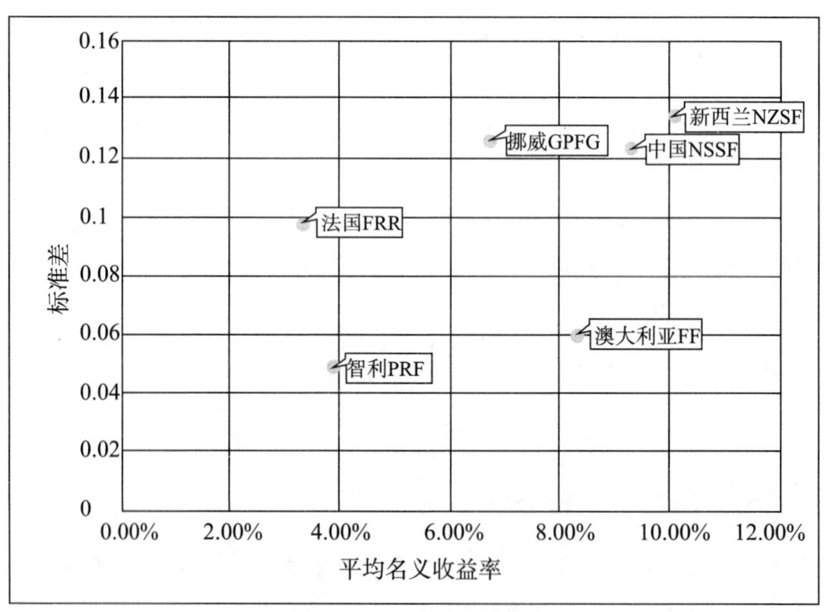

图 7−1 各主权养老基金收益率与标准差散点图（2007—2019）

资料来源：各主权养老基金历年年报，笔者整理绘制。

第二，累积收益率。累积收益率反映基金投资组合在较长时间的总业绩。

通常累积收益代表 1 元初始投入在经过若干单位时间运营后的结果。

$$R = (1 + r_1)(1 + r_2)(1 + r_3)\cdots(1 + r_n) - 1 \quad (7.1)$$

其中，$r_1, \cdots, r_n$ 表示各个时期的收益率。

如图 7－2 所示，从累积收益看，中国 NSSF 和新西兰 NZSF 的收益率仍是最高的，达到了 216.14％和 196.20％。虽然中国 NSSF 年均收益率低于新西兰 NZSF，但累积收益率却略高于新西兰 NZSF，长期总体业绩表现最好。法国 FRR 的累积总收益最低，但每年表现较为平稳，没有像中国 NSSF、新西兰 NZSF、挪威 GPFG 等有收益率超过 25％的年份，同时，在 2008 年其遭遇－24.9％的损失，这也是在金融危机各主权养老基金中收益率最低的。挪威 GPFG 的累积收益率低于澳大利亚 FF，其原因也是在 2008 年挪威 GPFG 出现了－23.1％的较大损失。

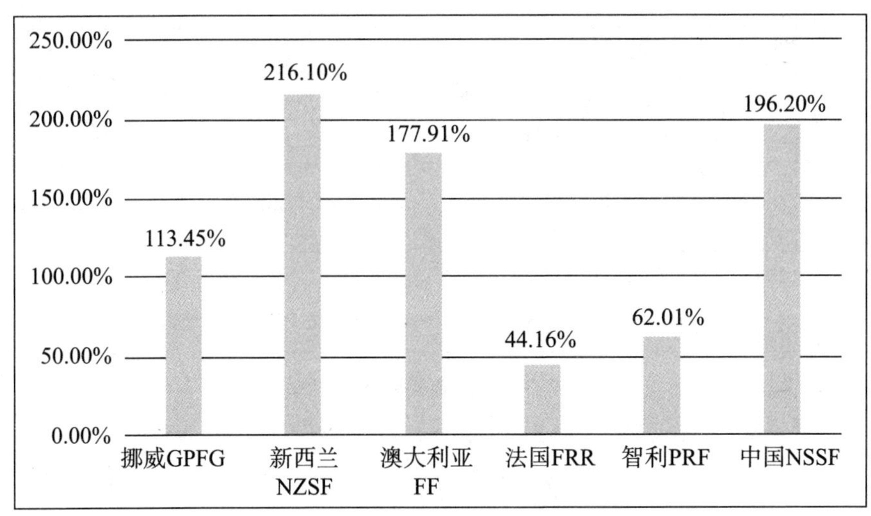

图 7－2　各主权养老基金累积收益率

资料来源：各主权养老基金历年年报，笔者整理绘制。

7.1.2　实际回报与超额回报分析

1. 实际回报分析

主权养老基金的首要目标是为老龄化积累资产，以满足国内老龄化时期的支付。而判断养老金支付水平高低的基本标准是能够保证养老金待遇的购买力。因此，判断主权养老基金投资收益水平的重要方面就是看基金收益能否战胜发起国的通货膨胀。澳大利亚 FF 甚至将其投资收益目标直接制定为高于每年 CPI 指数 4.5~5.5 个百分点。图 7-3 显示了各基金的年实际回报率。实际回报率小于零的年份主要集中在 2008、2009、2011 和 2018 年，主要原因是外部市场特别是股票市场的低迷。13 年中，智利有 7 年的实际回报率小于零，年均实际回报率仅为 0.57%，其被动投资的风格是导致基金低收益水平的主要原因。澳大利亚 FF 的目标明确，除了 2008、2009 年外部市场的波动造成低于 CPI 指数外，其他年份都战胜了通胀，且在 8 个年份实现了基金的收益率目标，超过 CPI 指数 5.5 个百分点。其他基金小于 CPI 指数的年份均为 2 至 3 个，显示了基金实际投资保值增值的能力较强，实现了基金的基本目标。

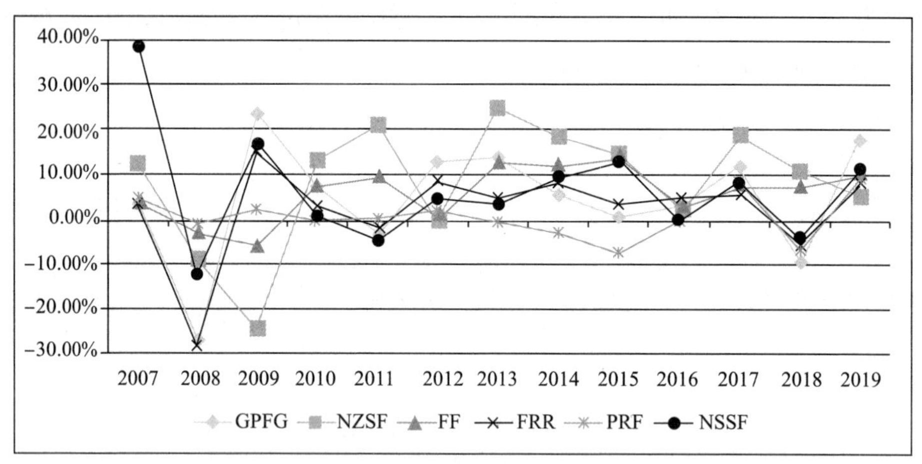

图 7-3 各基金实际年回报率

资料来源：笔者根据各养老基金年度报告以及 OECD 公开数据整理①。

表 7-1 显示了基金实际回报的描述性统计情况。新西兰 NZSF 的平均实际回报率最高（达到了 8.23%），其次为中国 NSSF（为 6.54%），但同时两个基金的实际回报波动率也是最大的，分别为 0.1300 和 0.1212。挪威 GPFG 和澳大利亚 FF 年均实际回报率分别为 4.61%和 6.06%，同时澳大利亚 FF 的波动率也较小，仅高于智利 PRF。

① 实际年回报率=名义收益率-通货膨胀率。其中名义收益率数据来源于各养老基金年报，通货膨胀率为 OECD 统计的各国当年的 CPI 数据。

表 7-1　各基金实际回报率描述性统计

Variable	Obs	Mean	Std. Dev.	Min	Max
GPFG	13	0.0461	0.124434	−0.2706	0.2342
NZSF	13	0.0823	0.130026	−0.2422	0.2470
FF	13	0.0606	0.058306	−0.0599	0.1389
FRR	13	0.0215	0.100106	−0.2771	0.1491
PRF	13	0.0057	0.047457	−0.0797	0.0944
NSSF	13	0.0654	0.121198	−0.1269	0.3839

2. 超额回报分析

基础收益率指标仅表示基金投资组合的绝对收益水平，无法对投资业绩的好坏和投资能力进行准确衡量。在市场环境好的时候 10%的收益率并不意味着投资组合的业绩非常优秀，同样在市场环境差的时候−10%的收益率也并不意味着投资组合的业绩很差。为判断投资管理人的基金策略是否对养老基金有所贡献，需要把投资收益率与基准收益率进行比较，以得到超额回报的分析数据。大部分主权养老基金都在投资政策中设计了战略资产配置或指引性资产细分。在进行战略资产配置时，为了监测基金的运行状况也考察基金的管理能力，各国也基于战略资产配置和与各类资产相对应市场指数确定了每年的基准收益。基准收益率是主权养老基金指数化投资策略可以获得的收益率，也是投资管理人主动管理策略的机会成本。只有当投资组合的收益率高于基准收益率时，投资管理人的主动管理才对基金收益有所贡献①。投资组合实际收益率与基准收益率之差用算术超额收益表示。除了算术超额收益之外，实务中也常用几何超额收益率来对基金主动管理绩效进行衡量。算术超额收益较为直观也具有较好的统计性质，几何超额收益则主要考虑基金的再投资风险，通过时间加权复合计算投资期间的收益率。几何收益率 g 可以表示为：

$$g = \frac{1+r}{1+b} - 1 \tag{7.2}$$

其中，g 为几何收益率，r 为实际收益率，b 为基准收益率。

由于数据的可获得性，本节选取了四个主权养老基金，并根据其年报中公

① 大卫・斯文森. 机构投资的创新之路 [M]. 张磊，译. 北京：中国人民大学出版社，2010：245.

布的收益率和基准收益率，计算结果如表 7－2 所示。

表 7－2　2008—2019 年各基金超额收益情况

	挪威 GPFG		新西兰 NZSF		澳大利亚 FF		智利 PRF	
基准收益率	6.55%		7.54%		7.55%		3.70%	
	算术超额收益	几何超额收益	算术超额收益	几何超额收益	算术超额收益	几何超额收益	算术超额收益	几何超额收益
2008	－3.39%	－4.23%	－1.01%	－1.05%	0.20%	0.20%	－0.16%	－0.15%
2009	4.10%	3.37%	0.00%	0.00%	－0.22%	－0.23%	－0.36%	－0.35%
2010	1.05%	0.97%	0.90%	0.79%	1.50%	1.38%	－0.18%	－0.18%
2011	－0.09%	－0.09%	5.57%	4.66%	2.30%	2.08%	0.00%	0.00%
2012	0.17%	0.15%	1.44%	1.44%	－0.03%	－0.03%	－2.15 %	－2.01%
2013	0.98%	0.85%	7.36%	6.21%	0.90%	0.79%	0.13%	0.13%
2014	0.85%	0.80%	－0.11%	－0.09%	1.40%	1.24%	0.09%	0.09%
2015	0.72%	0.71%	4.45%	4.04%	－0.20%	－0.17%	－0.19%	－0.20%
2016	－0.18%	－0.17%	0.52%	0.51%	0.90%	0.87%	0.01%	0.01%
2017	0.66%	0.58%	4.37%	3.76%	－0.88%	－0.80%	0.07%	0.06%
2018	－0.30%	－0.32%	2.01%	1.82%			0.06%	0.06%
2019	0.27%	0.23%	0.66%	0.62%			－0.06%	－0.05%
平均	0.40%	0.24%	2.18%	1.89%	0.59%	0.53%	－0.23%	－0.22%
累积	4.79%	2.72%	29.07%	24.90%	5.98%	5.40%	－2.73%	－2.57%

资料来源：各主权养老基金年报，笔者整理计算①。

四个基金的平均基准收益率中，澳大利亚 FF 和新西兰 NZSF 的基准收益率分别为 7.55%和 7.54%，挪威 GPFG 也达到了 6.55%，表明其战略资产配置作用非常明显，基金的总体投资政策对实际投资回报贡献较大。在积极管理投资能力上，四个基金中，除智利 PRF 外，其他三个基金都实现了正的超额回报，表明积极的投资管理政策对基金回报有正的促进作用。智利 PRF 的年收益率与基准收益率差距相对较小，其被动管理的方式非常明显。有超额收益

① 由于澳大利亚 FF 在年报中未公布 2018 年和 2019 年基准收益率，因此澳大利亚的数据统计期间为 2008—2017 年。

的三个基金中，新西兰 NZSF 的超额收益最高，累积算术超额收益达到 29.07%；其次是澳大利亚 FF，为 5.98%；挪威 GPFG 的算术超额收益和几何超额收益都较低，累积收益分别为 4.79%和 2.72%。

7.1.3　风险调整后的收益率指标分析

投资组合的业绩包含收益和风险两个方面，评价主权养老基金的业绩不仅要考虑收益率水平，还要考虑所承担的风险。风险调整后的收益率指标通过计算单位风险所对应的收益水平，将不同风险水平的投资组合置于相同的风险水平进行比较。常见的风险调整收益指标有夏普比率、特雷诺指数、詹森指数、风险调整收益 M^2 等。这些指标分别从不同角度来度量风险，但其理论基础都是资本资产定价模型（CAPM）①。

1. 夏普比率

威廉夏普（1966）在《共同基金的业绩》中提出用基金的单位总风险作为投资组合业绩的调整因子，用投资组合的长期平均超额收益除以这个时期收益的标准差来测度总波动性权衡的回报。夏普比率的计算公式为：

$$SR = \frac{R_p - R_f}{\sigma_p} \tag{7.3}$$

其中，SR 表示夏普比率；R_p 为考察期内投资组合的平均收益率；R_f 为考察期内的平均无风险收益；σ_p 为考察期内收益率的标准差，代表投资组合的总风险②。

夏普比率为正，表示考察期内投资组合的平均价值增长超过了无风险利率，夏普比率越大表明基金单位风险所获得的回报率越高。同时，夏普比率没有基准点，单个基金的夏普比率的高低的意义只有在与投资基准或同类组合进行比较时才有价值。从表 7−3 可以看到，有五个基金的夏普比率为正，其中澳大利亚 FF 夏普比率为最高，表明在六个主权养老基金中澳大利亚 FF 的单位风险所获得的风险回报最高。智利 PRF 的夏普比率为负，表明其收益率水平略低于无风险利率水平。

---

① 滋维·博迪，亚历克思·凯恩，艾伦 J 马库斯. 投资学［M］. 7 版. 陈收，杨艳，译. 北京：机械工业出版社，2009：528−529.

② WILLIAM F S. Mutual fund performance［J］. The journal of business，1966，39（1）：119−138.

表 7-3　各基金夏普比率①

类别	挪威 GPFG	新西兰 NZSF	澳大利亚 FF	智利 PRF	法国 FRR	中国 NZSSF
名义收益率夏普比率	0.356	0.417	0.681	−0.192	0.238	0.598
基准收益率夏普比率	0.364	0.364	0.628	−0.188		

2. 詹森（Jensen）指数

美国经济学家詹森（1968）提出 Jensen 指数，用于衡量基金收益率与根据资本资产定价模型（CAPM）来测算的投资组合预期收益之间的差值②。其原理是用投资组合的实际收益与无风险收益的差值对市场基准收益与无风险收益的差值进行回归，把回归方程的截距 α 作为衡量投资业绩的指标。当 α 在统计上显著为正时，说明基金的投资绩效好于市场基准绩效，基金的积极管理策略贡献了正收益；反之，α 在统计上显著为负的绝对值越大，表示投资组合相对于市场基准的业绩越差。α 值可以通过下面的回归方程得到：

$$R_p - R_f = \alpha + \beta_p (R_m - R_f) + \varepsilon$$

其中，α 为 Jensen 指数，R_p 为投资组合的真实收益率，R_f 为无风险利率，R_m 为市场组合收益率，β_p 为投资组合的系统风险，ε 为回归残差。

表 7-4 给出了 Jensen 指数回归结果，除智利 PRF 外其他 5 个基金的 Jensen 指数均大于零，表明基金的投资管理人具有较强的资产选择能力，主动投资获得了正回报，其中中国 NSSF 的 Jensen 指数最高。智利的 Jensen 指数为负，这与基金的被动投资风格密切相关。Jensen 回归中的 β 值代表基金的择时能力，所有主权养老基金的 β 值均大于零，表明基金投资管理人的择时能力强，能在市场高涨时提高投资组合的 β 值，市场低迷时降低 β 值。

表 7-4　主权养老基金 Jensen 指数实证结果

类别	α	β
挪威 GFFG	0.000342*	1.124695***
新西兰 NZSF	0.0184323**	1.124756***

① 无风险利率：本书用各国当年货币市场利率或国库券利率衡量，数据来源于 OECD 数据库。

② 龙婧，蔡明超. 主权财富基金绩效评估及影响因素实证分析［J］. 上海管理科学，2019，41（2）：103-109.

续表

类别	α	β
澳大利亚 FF	0.0046954*	1.029073***
智利 PRF	−0.0001117	1.000041***
法国 FRR①	0.0022814	0.8094472***
中国 NSSF②	0.0404235	0.3354365**

注：***、**、*分别表示在1%、5%和10%的水平显著。

3. M^2度量

风险调整收益M^2度量最早由格雷厄姆和哈维提出，并由莫迪利亚尼和其祖父——1997年诺贝尔经济学奖得主弗兰克·莫迪利亚尼推广并改进的夏普测试指标③。与夏普比率类似，M^2度量也将全部风险作为风险衡量指标，不同的是M^2度量通过把投资组合的风险调整到与投资基准相一致的水平上来比较风险收益，反映经过风险调整的风险收益。M^2度量的计算公式如下：

$$M^2 = \frac{\sigma_m}{\sigma_p} \times (\bar{R}_p - R_f) + R_f - R_m$$

其中，$\bar{R}_p$ 为投资组合的实际收益率水平，σ_p 为投资组合的实际风险水平，R_f 为无风险利率，R_m 为投资基准的收益率，σ_m 为投资基准的风险水平。

与夏普比率相似，M^2值越大表示承担单位风险所获得的风险收益越高。如表7−5所示，中国NSSF的M^2比率最高，其次为新西兰NZSF。智利PRF的M^2比率为负，表明基金投资没有能够战胜市场。

---

① 法国FRR在报告中未给出基准收益率情况，基准收益率为笔者根据法国FRR历年大类资产配置与市场指数加权计算所得，其中现金为当年存款利率，债券为当年一年期国债利率，股票及另类资产的基准收益率为当年MSCI ACWI收益率。

② 中国NSSF没有基准收益率也没有大类资产配置的详细情况，笔者通过历年资产负债表估算出风险资产和无风险资产比例。考虑到全国社保基金绝大部分在国内投资，因此风险资产基准收益为沪深300年收益率，无风险资产收益率选用1年期定期存款利率，各年基准收益率按资产比例加权计算。

③ 滋维·博迪，亚历克思·凯恩，艾伦J马库斯. 投资学［M］. 7版. 陈收，陈艳，译. 北京：机械工业出版社，2009：528−529.

表 7—5　主权养老投资绩效的 M^2 比率

类别	挪威 GPFG	新西兰 NZSF	澳大利亚 FF	智利 PRF	法国 FRR	中国 NSSF
M^2 比率	8.269%	9.688%	8.416%	−1.464%	5.612%	11.336%

7.1.4　基于各指标的投资业绩排名

前面分别从不同角度对主权养老基金的投资收益率进行了比较。从表 7—6 中可以看出，中国 NSSF 和新西兰 NZSF 的投资业绩最佳，分别获得了 4 项和 2 项第一，其他指标也排名靠前。澳大利亚 FF 的各项指标排名约在第三，仅次于中国 NSSF 和新西兰 NZSF。挪威 GPFG 的情况好于法国 FRR 和智利 PRF。而智利 PRF 的各项排名均位于最后一位，仅有名义收益率和实际收益率为正，在加入基准收益率后，其各项指标均小于零，表明其收益水平低于同期市场平均水平。

表 7—6　主权养老基金各指标排名

	名义回报率	实际回报率	超额回报率	夏普比率	Jensen 指数	M^2 比率
新西兰 NZSF	1	1	2	3	2	2
中国 NZSSF	2	2	1	1	1	1
澳大利亚 FF	3	3	3	2	3	3
挪威 GPFG	4	4	4	4	5	4
法国 FRR	5	5	5	5	4	5
智利 PRF	6	6	6	6	6	6

7.2　主权养老基金业绩归因分析

业绩归因分析是主权养老基金的重要内容，其目的是通过分析驱动业绩的内在因素来了解投资决策过程。目前业绩归因分析主要有两类方式：一类是以计量模型为基础的择时和选股能力分析，包括詹森模型、H—M 模型、Fama—French 三因素及五因素模型等。该类模型以 CAPM 模型和 APT 模型为基础，用市场组合作为投资组合业绩的评价标准，认为投资组合的收益来源于资产配置、证券选择和时机选择三个方面，使用上述模型需要通过严格的统计检验，约束条件很强，一般在投资业绩分析时使用月度收益。而主权养老基金的可用数据较少，投资业绩指标以年度收益为主，因此上述模型对主权养老基金的适用性较低。另一类方法是布林森（Brinson）业绩分解模型。该模型对数据的要求较低，分解过程也较为直观和易于理解。因此，本节采用布林森业绩分解模型对主权养老基金进行业绩归因分析。布林森业绩分解模型将收益来源分为四部分：第一部分为投资基准的贡献；第二部分为配置效应，即针对投资基准调整到投资组合中各类资产的配置比例获得的超额收益；第三部分为证券选择的贡献，即投资对象选择获得的超额收益；第四部分为交叉效应，即选择效应和配置效应的交叉作用。算术超额收益是选择效应、配置效应和交叉效应的合并。根据组合收益、基准收益、资产权重对布林森业绩分解模型的表述如表 7－7 所示。

表 7－7　布林森业绩分解模型（1）

类别	基准收益	组合收益
基准权重	$Q_1: \sum_{i=1}^{N} w_{bi}R_{bi}$	$Q_3: \sum_{i=1}^{N} w_{bi}R_{ai}$
实际权重	$Q_2: \sum_{i=1}^{N} w_{ai}R_{bi}$	$Q_4: \sum_{i=1}^{N} w_{ai}R_{ai}$

其中，w_{bi} 表示第 i 类资产在投资基准中的权重，w_{ai} 表示第 i 类资产在实际投资组合中的权重，R_{bi} 表示投资基准中第 i 类资产的投资收益率，R_{ai} 表示实际投资组合中第 i 类资产的收益率。

根据对 $Q_1 \sim Q_4$ 的分解，可以计算出上述三个效应，如表 7－8 所示。

表 7－8　布林森业绩分解模型（2）

其准/效应	算法
投资基准	$Q_1 = \sum_{i=1}^{N} w_{bi}R_{bi}$
配置效应	$Q_2 - Q_1 = \sum_{i=1}^{N} w_{ai}R_{bi} - \sum_{i=1}^{N} w_{bi}R_{bi} = \sum_{i=1}^{N} (w_{ai} - w_{bi})R_{bi}$
选择效应	$Q_3 - Q_1 = \sum_{i=1}^{N} w_{bi}R_{ai} - \sum_{i=1}^{N} w_{bi}R_{bi} = \sum_{i=1}^{N} (R_{ai} - R_{bi})w_{bi}$

续表

其准/效应	算法
交叉效应	$Q_4 - Q_3 - Q_2 + Q_1 = \sum_{i=1}^{N} w_{ai}R_{ai} - \sum_{i=1}^{N} w_{bi}R_{ai} - \sum_{i=1}^{N} w_{ai}R_{bi} + \sum_{i=1}^{N} w_{bi}R_{bi} = \sum_{i=1}^{N}(w_{ai} - w_{bi})(R_{ai} - R_{bi})$

从上述模型可以看出，布林森业绩分解方法是在取得投资组合的投资基准、基准收益率、投资组合的实际资产配置和各资产的实际收益率后，将投资组合的收益率分解到投资基金、投资组合配置和资产选择的决策之中，并分析各类决策对投资组合绝对收益率或超额收益率的贡献。通过布林森业绩分解可以了解投资管理人做出的决策哪些是产生了超额收益的正确的决策，哪些是导致额外损失的错误决策，从而为提高基金的投资管理提供具体的证据。

本节以挪威 GPFG 为例计算了 GPFG 历年业绩归因情况，如表 7－9 所示。可以看到，在收益率为负的年份（2008、2011、2018 年），配置效应对投资收益的贡献较大，即基金经理通过调整投资组合中的比例避免了更大的损失。在投资收益率较高的年份（2009、2010、2013、2017 年）选择效应均为正，表明在市场繁荣期，基金经理能够通过对具体投资对象的选择获得超额收益。在所有时期，交叉效应较小，表明配置效应和选择效应区别较为明显，基金经理根据市场状况作出调整的能力较强，具有很好的择时能力。

表 7－9　挪威 GPFG 投资业绩归因

年份	组合收益	基准收益	配置效应	选择效应	交叉效应
2008	—20.47%	−25.87%	9.29%	−2.79%	−1.11%
2009	26.05%	24.23%	−2.11%	3.51%	0.43%
2010	9.78%	9.60%	−0.86%	0.97%	0.07%
2011	−2.34%	−3.90%	1.63%	−0.18%	0.11%
2012	13.72%	14.39%	−0.86%	0.26%	−0.07%
2013	16.52%	17.46%	−1.83%	0.97%	−0.08%
2014	7.53%	8.36%	−0.07%	−0.77%	0.01%
2015	2.58%	2.28%	−0.14%	0.50%	−0.06%
2016	7.21%	7.27%	−0.19%	0.13%	0.00%

续表

年份	组合收益	基准收益	配置效应	选择效应	交叉效应
2017	14.47%	13.92%	−0.13%	0.68%	0.00%
2018	−6.16%	−5.99%	0.06%	−0.23%	0.00%
2019	18.17%	20.17%	−1.92%	−0.09%	0.01%

7.3　主权养老基金综合绩效分析

如上所述，目前衡量基金绩效主要是从经济方面考察基金的风险收益的历史表现，无法全面反映主权养老基金的综合绩效。本节通过层次分析法（AHP）综合考虑包括基金的风险水平、风险调整后的收益水平、基金投资管理人的资产管理能力、基金的可持续投资能力、基金的治理效率等多各要素，建立主权养老基金综合绩效评价模型，并结合样本资料对模型进行实证分析。

7.3.1　基于 AHP 方法的综合绩效评价模型构建

1. 模型指标的选取

主权养老基金的投资管理目标既包含经济收益的追求又包含社会效益的追求。本节选取基金的收益水平、基金的风险水平、投资管理人的资产管理能力、治理结构、社会责任投资能力来衡量基金的绩效水平。各指标的详细构成及相互关系如图 7−4 所示。

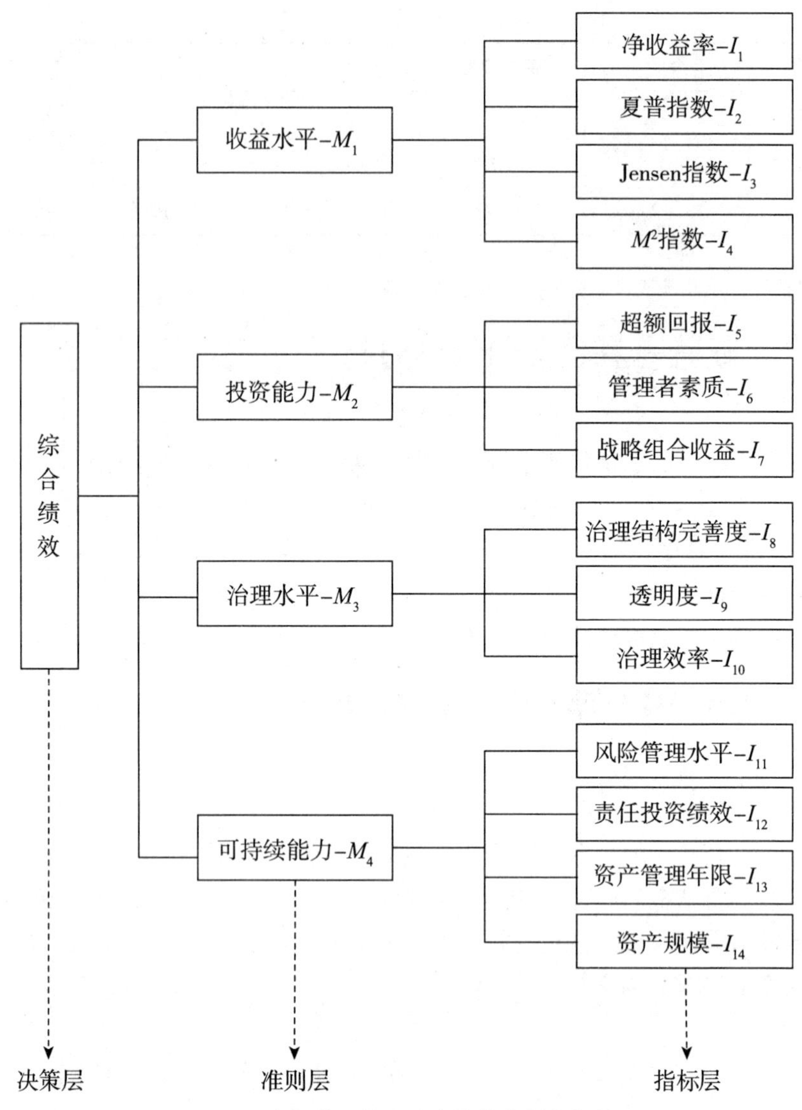

图 7-4 主权养老基金综合绩效衡量指标体系

2. 指标选取依据

（1）反映收益率的指标除了选取基金净收益外，还选取了 M^2 指数、夏普指数和 Jensen 指数，这是为了克服单一指标的片面性，有助于更为全面地了解基金的收益获取能力。

（2）投资者能力指标对基金能否战胜市场具有重要意义，也是代表基金绩效获取能力的重要指标。历史超额回报代表基金择时配置的综合能力，基准收益代表了基金战略资产配置能力，管理者素质代表基金现在与未来回报追求的综合能力。

（3）基金的治理结构对基金获取稳定的长期绩效尤为重要。治理结构的完善程度影响基金在全球范围内获取长期回报的可能性，透明度是主权养老基金接受社会监督、获取跨国投资机会的重要体现，治理效率则是基金治理水平对投资绩效的影响程度的体现。

（4）可持续能力是长期投资基金极为重要的指标，代表了基金能否取得持续的绩效能力。风险管理水平是获取长期绩效的重要保证，责任投资绩效代表基金对未来经济社会发展的贡献，一般而言资产管理年限越长的基金其投资经验越丰富，对长期运作效率具有更大的积极作用，资产规模越大的基金管理水平越高，在经济社会中获取长期稳定回报的能力越强。

7.3.2　综合绩效评价实证分析

由于资料的可得性，本部分主要考察澳大利亚 FF、挪威 GPFG、新西兰 NZSF、法国 FRR、智利 PRF、中国 NSSF 六只基金的综合绩效水平。样本期选择 2008—2017 年。首先利用层次分析法构建指标模型，建立判断矩阵，并确定各项指标权重；其次对基金各项指标赋予不同的值；最后计算出各基金的综合得分并进行判断分析。

1. 判别矩阵

按照“9 标度法”分别建立两两判别矩阵，如表 7－10～7－14 所示。表中数据权重反映各指标的相对重要性。

表 7－10　综合指标判断矩阵及权重

1. 综合绩效　一致性比例：0.0077；对“综合绩效”的权重：1.0000；λ_{max}：4.0206					
综合绩效	M_1	M_2	M_3	M_4	W_i
M_1	1	3	4	4	0.5364
M_2	1/3	1	2	2	0.2205
M_3	1/4	1/2	1	1	0.1216
M_4	1/4	1/2	1	1	0.1216

表 7—11　收益水平判断矩阵及权重

2. M_1　一致性比例：0.0000；对“综合绩效”的权重：0.5364；λ_{max}：4.0000					
M_1	I_1	I_2	I_3	I_4	W_i
I_1	1	2	2	2	0.4
I_2	1/2	1	1	1	0.2
I_3	1/2	1	1	1	0.2
I_4	1/2	1	1	1	0.2

表 7—12　投资能力判断矩阵及权重

3. M_2　一致性比例：0.0036；对“综合绩效”的权重：0.2205；λ_{max}：3.0037				
M_2	I_5	I_6	I_7	W_i
I_5	1	5	2	0.5813
I_6	0.2	1	0.3333	0.1096
I_7	0.5	3	1	0.3092

表 7—13　治理水平判断矩阵及权重

4. M_3　一致性比例：0.0000；对“综合绩效”的权重：0.1216；λ_{max}：3.0000				
M_3	I_8	I_9	I_{10}	W_i
I_8	1	4	2	0.5714
I_9	0.25	1	0.5	0.1429
$I_1$0	0.5	2	1	0.2857

表 7—14　治理水平判断矩阵及权重

5. M_4　一致性比例：0.0089；对“综合绩效”的权重：0.1216；λ_{max}：4.0237					
M_4	I_{11}	I_{12}	I_{13}	I_{14}	W_i
$I_1$1	1	3	7	6	0.6028
$I_1$2	0.3333	1	2	3	0.2161
I_{13}	0.1429	0.5	1	1	0.0931
I_{14}	0.1667	0.3333	1	1	0.0881

根据判断矩阵，最终确定各指标在综合绩效中的判断权重如表 7—15 所示。

表 7－15　综合绩效权重

备选方案	I1	I2	I3	I4	I5	I6	I7
权重	0.2145	0.1073	0.1073	0.1073	0.1281	0.0242	0.0682
备选方案	I8	I9	I10	I11	I12	I13	I14
权重	0.0695	0.0174	0.0347	0.0733	0.0263	0.0113	0.0107

2. 各基金指标赋值

本节采用了 14 个评价指标，从评价权重看财务指标比重较大，其中净收益率和超额回报能力在评价体系中权重最大。为判断基金综合绩效，对每个基金的各项指标进行综合赋值。通过各基金指标间的比对，采用 6 分制的方式对其进行赋值，具体赋值如表 7－16 所示。

表 7－16　主权养老基金综合评价结果

得分	满分	新西兰 NZSF	中国 NSSF	澳大利亚 FF	挪威 GPFG	法国 FRR	智利 PRF
I_1 得分	1.287	1.287	1.073	0.858	0.644	0.429	0.215
I_2 得分	0.644	0.429	0.537	0.644	0.322	0.215	0.107
I_3 得分	0.644	0.537	0.644	0.429	0.322	0.215	0.107
I_4 得分	0.644	0.644	0.537	0.429	0.322	0.215	0.107
收益水平得分	3.218	2.897	2.789	2.360	1.609	1.073	0.536
I_5 得分	0.769	0.769	0.769	0.512	0.384	0.256	0.128
I_6 得分	0.145	0.145	0.048	0.145	0.145	0.121	0.097
I_7 得分	0.409	0.409	0.273	0.409	0.273	0.205	0.205
投资能力得分	1.323	1.323	1.090	1.067	0.802	0.582	0.430
I_8 得分	0.417	0.417	0.209	0.348	0.417	0.348	0.278
I_9 得分	0.104	0.104	0.035	0.104	0.104	0.104	0.104
I_{10} 得分	0.208	0.174	0.208	0.174	0.174	0.174	0.208
治理能力得分	0.730	0.695	0.452	0.625	0.695	0.625	0.591
I_{11} 得分	0.440	0.440	0.293	0.440	0.440	0.440	0.293
I_{12} 得分	0.158	0.158	0.053	0.158	0.158	0.158	0.053

续表

得分	满分	新西兰 NZSF	中国 NSSF	澳大利亚 FF	挪威 GPFG	法国 FRR	智利 PRF
I_{13}得分	0.068	0.057	0.057	0.034	0.068	0.057	0.034
I_{14}得分	0.064	0.021	0.043	0.032	0.064	0.021	0.011
可持续能力得分	0.730	0.676	0.445	0.664	0.730	0.676	0.390
总分	6.000	5.590	4.776	4.716	3.836	2.956	1.947

从综合评价的结果看，新西兰 NZSF 的得分最高，为 5.590 分，除了在基金规模上得分较低外，其他指标得分都较高。中国 NSSF 得分为 4.776 分，得分较高的原因在于中国 NSSF 在收益率指标上表现较为突出，而收益率指标权重较大，但中国 NSSF 在治理结构、责任投资、透明度等指标上得分较低，基金投资的可持续性上与其他基金存在较大差距。澳大利亚 FF 在各项指标上表现非常均衡，但由于收益率指标要略低于中国 NSSF，因此排在中国 NSSF 之后。智利 PRF 是各基金中投资收益率最差的，在投资能力和收益水平上的得分远低于其他 5 个主权养老基金，同时在可持续能力得分上也仅有满分分值的一半，也是各基金中得分最低的。挪威 GPFG 虽然在收益率水平上不及新西兰 NZSF、澳大利亚 FF 等基金，但作为全球最大的主权基金，其在可持续能力上是最强的。

第 8 章　基于国际比较的中国 NSSF 投资管理策略优化建议

作为一只主权养老基金，中国 NSSF 已经运营近 20 年，已然成为国内资产规模最大、专业化程度最高的机构投资者之一。中国 NSSF 虽然获得了较高的名义投资收益率，但在治理结构、风险管理、责任投资等方面都与挪威 GPFG、新西兰 NZSF、澳大利亚 FF 等基金有较大差距，国际认可度和影响力也不及上述基金。因此，本章在前面比较分析的基础上，针对中国 NSSF 在投资管理中的薄弱问题提出针对性的优化建议。

8.1　完善法律体系，提升基金独立性

法律体系是主权养老基金独立投资运营的基础和保证。当前运营良好的主权养老基金都将立法作为前提，多在基金产生之初就已先行立法。从表 8−1 可以看出，在各个主权基金建立之前，各国就先以立法形式对基金的性质、来源、用途等进行了规定。新西兰、澳大利亚等国通过法律将基金投资管理中的各项政策进行了详细规范，法国、智利等国的立法中虽然只确定了基金的来源、用途等，但在立法后又通过一系列行政法规对基金的投资管理政策进行了规范。

表 8−1　各国主权养老基金立法

基金	法律依据	时间	资金来源	资金用途	监管职责	投资政策	违法后果
澳大利亚 FF	未来基金法案（Future Fund Act）	2006	明确	明确	非常明确	非常详细	非常明确

续表

基金	法律依据	时间	资金来源	资金用途	监管职责	投资政策	违法后果
挪威 GPFG	政府石油基金法，政府养老基金法案、GPFG 观察与排除指南（财政部）	1990、2005	明确	明确	明确	明确	未明确
新西兰 NZSF	新西兰退休金和退休收入法	2001	明确	明确	非常明确	非常详细	非常明确
法国 FRR	社会保障法、社会保障财务法	2001	明确	明确	明确	未明确	未明确
智利 PRF	财政责任法、财政部 2006 年第 1383 号行政法令、2007 年第 621 号法令、养老金改革法案	2006—2008	明确	明确	非常明确	非常明确	非常明确
中国 NSSF	社会保险法、全国社会保障基金条例	2011、2016	明确	明确	明确	明确	明确

资料来源：笔者根据各国政府及养老基金网站资料整理而得。

相比之下，虽然我国《社会保险法》第七十一条对社会保障基金的来源有简短描述，但未明确规定资金的来源比例和具体渠道。基金的具体投资管理政策则主要由一系列行政法规构成，具体可见表 8－2。对理事会的职责，法律位阶最高的《社会保险法》仅笼统地规定全国社保基金由全国社保基金理事会负责运营管理，而法律地位仅次于《社会保险法》的《全国社会保障基金条例》也只进行了相同描述，其他关于理事会的阐述均是对其管理运营提出的要求和规定。2001 年颁布的《全国社会保障基金投资管理暂行办法》也未提及理事会的定位，只说明了理事会的职责以及它与全国社保基金的关系。关于理事会的性质与职责的具体规定则只出现在两个法律位阶最低的文件中：《关于印发全国社会保障基金理事会职能配置内设机构和人员编制规定的通知》规定了理事会为国务院直属事业单位①，《全国社会保障基金理事会章程》详细描述了理事会及理事大会的具体职能。

① 国务院办公厅. 全国社会保障基金理事会职能配置、内设机构和人员编制规定[EB/OL]. (2018－09－11)[2020－11－12]. http://www.gov.cn/zhengce/2018－09/11/content_5320992.htm.

表 8－2　全国社会保障基金相关立法

法律位阶	法律文件名称	颁布时间	颁发部门	相关规定
国家法律	中华人民共和国社会保险法	2010	全国人大	明确基金定位
行政法规	全国社会保障基金条例	2016	国务院	运营规范、监管职责、违反处罚
	减持国有股筹集社会保障资金管理暂行办法	2001	国务院	资金来源渠道与筹集方式
部门规章	全国社会保障基金投资管理暂行办法	2001	财政部、劳动部	管理职责、投资政策、违反处罚
	全国社会保障基金境外投资管理暂行规定	2006	财政部	境外投资操作细则
	境内证券市场转持部分国有股充实全国社会保障基金实施办法	2009	财政部、国资委、证监会、社保基金理事会	国有股减持操作细则
规范性文件	关于印发全国社会保障基金理事会职能配置内设机构和人员编制规定的通知	2000	国务院办公厅	明确人员和机构编制
	全国社会保障基金理事会章程	2001	全国社保基金理事大会	明确机构与部门职责
	全国社会保障基金信托贷款投资管理暂行办法	2016	理事长办公会	信托贷款投资管理细则与实施部门

资料来源：全国社会保障基金理事会网站，http://www.ssf.gov.cn/，笔者整理。

主权养老基金的运作需要背后强大而完善的法律法规作为支撑。目前，全国社会保障基金管理方面还没有专门的立法，在实际投资运营中，主要以条例或办法作为政策来源，这会使得全国社保基金的运作缺乏强有力的保证。例如，条例中对法律责任的追溯主要以罚没、警告、处分等手段为主，缺乏明确的刑事追究细则。显然，这些由国务院及其各部委制定的条例、办法，无法与由全国人大及其常委会颁布的法律相提并论，并且不同部门的行政法规和部门规章比较分散，甚至有的条文之间相互冲突，严重影响到基金的投资运营活动[①]。因此，完善全国社会保障基金法律体系势在必行。

① 陈庆春．全国社会保障基金入市风险的法律控制制度研究［D］．合肥：安徽大学，2017：38．

第一，提高立法层次。明确法律是保证主权养老基金独立性的重要前提。主权养老基金投资决策独立性的缺乏不仅会导致基金决策容易受到行政干预，无法从长期性投资周期角度考虑基金的保值增值，难以实现最优化的资产配置，同时也容易滋生寻租等问题。全国社保基金规模不断增大，对法制化的要求也越来越高。特别是在2018年机构改革，基金由财政部管理之后，更需要通过明确的针对性法律来保证基金运营的独立性以尽可能减少行政干预。全国社会保障基金理事会作为公共部门，其很难成为完全独立的机构投资者。这是因为：首先，从节约外汇的角度，基金的海外资产比重会受到限制；其次，从稳定市场的角度出发，基金不直接投资于权益资产；再次，受托运营基本养老保险基金时不得不向委托人承诺保底收益[①]。因此，建议将全国社保基金的立法层次提高到人大层面，制定单独的《全国社会保障基金法》来规范这一超过两万亿人民币的独立资产的管理运营，以减少不必要的行政干预、提高违法成本。

第二，完善条文，防范独立性风险。目前，《全国社会保障基金条例》虽然从主体上强调基金是独立于理事会、管理人、托管人的资产，但对基金具体怎样独立于其他资产没有相应规定，也没有明确的禁止性规定。在具体的运营过程中，理事会一方面负责部分基金的直接投资；另一方面进行委托投资，由外部投资管理人负责对委托资产运营，基金托管人对委托资产承担托管责任。并且，社保基金理事会不仅管理全国社保基金资产，还接受各省委托，运营社会保险基金。在没有明确的独立性细则的情况下，这种多主体、多基金混合的情况很容易导致独立性风险的发生。一是虽然理事会管理的两个基金独立建账，但不能完全规避在投资过程中的基金混用；二是各管理主体在进行资产管理时容易将自身资金与基金资产混同使用；三是投资管理人或托管人可能直接使用基金资产抵消与理事会之间的债务。因此在操作层面上，全国社保基金条例无法有效地保证基金的独立性，需要对相关规定进一步完善，以避免基金在市场化投资过程中与其他资产混同。从独立性提升角度看，具体的法律法规细则可以从以下几个方面进行细化：①增加“在外部托管人或投资管理人因为经营不善导致破产或者其他原因进行清算时，不得将基金列入清算财产，禁止利用全国社保基金资产进行债务偿还”的相关条文。②明确基金投资管理人的债权人无权对基金主张强制执行的相关条款。确保基金投资管理人或托管人在进

① 张盈华．我国主权养老基金的发展、问题与建议：基于对资产配置的分析［J］．社会保障研究，2019（2）：13—20.

行债务清算时只能对自身财产申请强制执行，没有对全国社保基金资产申请强制执行的权力[①]。③为保证基金资产与理事会、投资管理人的债权债务关系相独立，可在法律条文中增加“当理事会与外部投资管理人发生债务关系时，外部管理人不得将理事会所欠费用从基金资产中扣除”的相关条文。

8.2　完善基金治理结构

明确的权责关系、完善的治理结构是推动主权养老基金作出正确的投资决策、防范长期投资风险的重要保证。从前面的国际比较中可以看出，我国全国社会保障基金在治理结构的完善度和透明度上都与国外主权养老基金有一定差距。因此，进一步完善基金治理结构应作为当前我国全国社保基金管理质量提升的重点内容。

8.2.1　分离决策职责与执行职责

海外主权养老基金受托机构通常是由各方利益主体的代表组成，经过一定程序后由政府或议会任命。但无论是委员会还是政府部门都难以具备基金投资运营所必需的市场经验和专业能力，并不适合开展直接投资运营。因此，需要将投资运营的执行职责交由更为专业化的资产管理机构。如挪威政府全球养老基金的受托机构是财政部，投资执行机构是挪威银行及其下属的投资管理部；储备基金监管委员会是法国养老储备基金受托机构，执行机构则是法国信托投资局；新西兰养老基金的决策机构和执行机构虽然是合一的，但董事会和养老基金监管人分别承担决策职责和执行职责。虽然 2018 年机构改革后，全国社会保障基金理事会职能从“运营管理机构”转变为“投资运营机构”，但它仍然承担了基金的投资决策职责和部分执行职责，难以完全实现专业化，且容易造成权责混淆，从而影响基金安全与绩效。因此，可以考虑在进一步明确全国社保基金理事会的运营职能的基础上，将证券投资部、境外投资部、股权投资部等部门从理事会中分离或相对独立出来，以具体执行社保基金理事大会制定的战略投资计划。社保基金理事会则专注于战略决策、风险管理、长期绩效评估和投资研究等工作。

---

① 陈庆春. 全国社会保障基金入市风险的法律控制制度研究［D］. 合肥：安徽大学，2017.

8.2.2 改革人事薪酬制度

主权养老基金的受托机构普遍独立于政府，对政府负责但能够独立作出投资决策，其管理费用来源于基金自身费用。全国社保基金理事会虽然具有独立法人资格，但仍是财政部管理的事业单位。在管理体制上，理事会实行人事编制及全额财政拨款，这不仅会对基金管理操作上的独立性产生不利影响，也会制约理事会的工作效率。首先，虽然事业编制的人事制度起到了维持机构内部稳定的作用，但社保基金面对的是瞬息万变的资本市场，仅有稳定性是无法满足基金市场化的运营要求的。近年来我国资本市场发展迅速，各类创新性金融产品和投资工具不断涌现，但社保基金理事会在进行投资决策时需要获得监管部门的逐一批准，难以做到完全贴近市场和适应市场，也难以建立起快速的决策体制和执行体制①。其次，财政全额拨款的薪酬体制使管理人员的薪酬难以与其投资业绩挂钩，理事会内部薪酬远低于行业内其他专业投资人员的市场水平，这既不利于发挥理事会雇员积极性，也阻碍了优秀管理人才的加入②。再次，管理体制的行政化不适应投资机构的专业化和市场化要求。目前机构运转动力主要来源于传统的官员层级和职务晋升。但对专注于长期投资的机构投资者而言，这种晋升机制容易导致管理人员的投资决策基于行政偏好，希望通过短期业绩来提升晋升空间，而非依据经济回报来作出③。因此，建立一个与资本市场多变性相一致的人事薪酬制度是提高机构独立性的重要基础。从目前来看，将全国社保基金理事会及其投资机构完全实现行政脱钩，建立与国际大型养老基金投资机构一致的公司制管理体制存在一定难度。但建立一个与澳大利亚未来基金、挪威政府全球养老基金类似的双层管理体制可行性较强。社保基金理事会在法律意义上作为受托人，承担基金投资决策和管理责任，而将具体的投资功能委托给下设具有独立法人性质的“投资公司”，同时划清相互之间的权重界限。

8.2.3 进一步明确基金目标

全国社会保障基金在成立之初确定了基金是专门用于老龄化高峰时期的支

① 郑秉文. 全国社会保障基金理事会管理体制的转型与突破：写在基本养老基金投资进入市场之际 [J]. 辽宁大学学报（哲学社会科学版），2017，45（3）：5.

② 刘健. 全国社会保障基金投资困境和对策分析 [J]. 石家庄学院学报，2018，20（4）：136.

③ 郑秉文. 全国社会保障基金理事会管理体制的转型与突破：写在基本养老基金投资进入市场之际 [J]. 辽宁大学学报（哲学社会科学版），2017，45（3）：7.

出补充和调剂的基本目标①，但未确定基金的封闭期和支付期。这不利于基金中长期发展规划的设立，难以在资产的支付要求和流动性方面实现有效协调②。纵观国外治理优良的主权养老基金，大多在基金设立之初就已明确基金的封闭期和支付期，并通过精算公式对基金未来各年的支出规模进行了预估。如新西兰 NZSF 不仅明确了封闭期限，而且对基金收入支出进行了长达百年的预估，有利于明晰基金投资目标。在封闭期，基金坚持长期投资理念，关注长期收益率的提高，而临近支付期或支付期内，则不断提高资产的流动性。如法国在 2010 年改革后，养老储备基金的投资策略发生转变，专门设立了绩效追求组合和对冲组合两个账户对资产进行管理，绩效追求组合关注长期投资，对冲组合则主要持有流动性资产以确保支付。因此，有必要根据我国人口结构变化及政府养老金现存与未来负债缺口，确定我国社保基金的封闭期和支付期，在确定封闭期和支付期后对基金投资目标和战略进行进一步规划，从而减少基金治理运营过程中可能出现的随意性和盲目性。

8.2.4　优化内外部监管体制

根据相关法律法规，目前全国社保基金的投资运营业务受到多个部门的监督。《全国社保基金条例》规定，如发现不属于本部门的职责范围时，应移送外汇管理部门、证券监管机构、银行监管机构等相关部门处理。这种监管政策在客观上容易造成多头监管、监管成本高、政策难以落实等问题。一方面，承担监管职能的各部门之间以及全国社保基金与各个部门之间可能会缺乏内部牵制机制，在监管过程中难以合成一体。另一方面，各职能部门对基金的监管往往停留于表面检查，达不到真正有效监督的作用。在内部监管方面，全国社会保障基金主要通过财务、内部审计、信息技术等部门实施。内部监管存在的问题主要表现在以下几方面：首先，基金没有把内部财务控制作为首要问题考虑。为了控制风险，减少高收益产品的投资，财务部门可能会拖延放款时间，导致本身以保值增值为目标的基金失去应有的获益机会。其次，内部审计没有从各部门中独立出来，挂靠在法规及监管部容易导致功效不高，不能展现更多的投资监管价值。因此，在外部监管上，有必要改革现有以政府监管和部门监管为主的监管体制，加强社会监督力量的参与力度，提高基金投资管理的透明

---

①　全国社会保障基金理事会．全国社会保障基金理事会社保基金年度报告：2017 年度［R］．(2018－07－31)［2020－11－12］．http://www.ssf.gov.cn/cwsj/ndbg/201807/t20180731_7417.html.

②　林义，何沛．OECD 国家公职人员差异化养老保险制度的经验［J］．行政管理改革，2015(5)：29－33.

度。同时，进一步明确各监管主体的监管职责，财政负责基金的财政会计审查，审计部门负责投资过程的合规性和安全性，各事业单位则主要对委托投资环节的投资行为承担监管责任。在内部监管上，对内部账目进行有效管理和归类，确保账表的真实性。针对财务控制流程不完善的问题建立财务风险控制系统和内部控制手册。健全内部审计监管，实行内部审计定期提交制度。

8.3 优化资产配置策略

8.3.1 优化战略资产配置结构

主权养老基金强调长期甚至无限期投资，传统的投资种类和数量监管模式会与资本市场上日新月异的投资品种越来越不适应。当每一个新投资品种出现后若都进行申报并频繁修改投资比例，这必然滞后于市场变化。对主权养老基金实行严格数量监管的国家，如智利等国的投资表现也往往差强人意。而新西兰、澳大利亚等国的投资战略通常是通过战略组合、基准组合与战术配置的有机结合实现最佳资产配置。对主权养老基金而言，资产配置的核心和首要环节是战略资产配置。战略资产配置决定了基金大类资产的长期投资目标和方向，决定了基金整个资产配置的最终成败。在绩效归因分析中可以看到，对于大部分基金来说，影响其投资绩效的最重要因素是战略资产配置。在长期目标的驱动下，各主权基金首先设置基准组合和战略资产配置。在基准配置中往往只规定大类资产比例和投资区域比例，如挪威 GPFG 的资产配置为股票 70%，固定收益 30%；新西兰 NZSF 配置为股票 75%，固定收益 20%，另类资产 5%。基准组合和战略投资组合在整体资产配置策略中主要是为了实现长期回报和风险之间的最优安排，并在资产比例的调整中寻求高于市场基准的长期净收益。目前我国全国社会保障基金还未设置基准组合和战略组合。如表 8-3 所示，基金投资政策和资产配置相对保守，基金权益类资产投资比例不得超过资产的 40%，与长期性目标不太相符。

表 8－3　全国社会保障基金投资比例限制

资产	限制比例
银行存款和国债	不得低于 50%，其中银行存款不得低于 10%
企业债、金融债	不得高于 10%
证券投资基金、股票投资	不得高于 40%

资料来源：全国社保基金理事会网站，http://www.ssf.gov.cn/。

从具体数据来看，历年基金的权益类资产也未超过这一比例。在实际投资比例中，交易类金融资产占比逐年提高，从 2008 年的 23.7%上升到 2019 年的 37.7%。而此类资产主要通过追求市场波动的差价获得收益，短期性特征显著。持有比例越高，基金短期化趋势越明显。具体可见图 8－1。

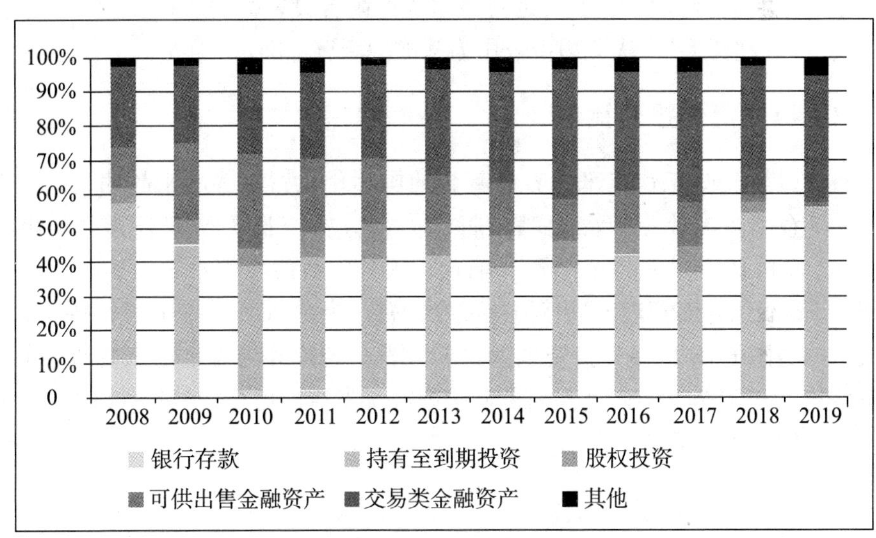

图 8－1　全国社会保障基金实际资产配置比例

资料来源：全国社会保障基金理事会社保基金年度报告（2008—2019），笔者整理。

从各国的成功经验看，无论采取战略基准还是收益基准，其具体资产配置都是逐渐加大权益类资产的投资比例，并在全球范围内开展投资，以达到资金的充分多样化①。因此，对全国社会保障基金而言，在资产配置中可首先引入

① 张盈华．我国主权养老基金的发展、问题与建议：基于对资产配置的分析［J］．社会保障研究，2019（2）：18.

"审慎人"规则。数量监管将投资工具限定于某几个有限的品种，不仅容易造成风险集中，而且还会丧失市场波动过程中的投资良机。在明确监管职责和管理职责的前提下，相对于不变的比例限制，"审慎人"规则下的投资管理机构对金融市场变化做出的反应更为迅速，投资运行效率更高效。其次，在战略资产配置中扩大权益类资产比例①。权益类资产是长期资金获得收益的最主要来源，投资绩效良好的各主权养老基金的权益类资产配置大多在70%以上，而智利 PRF 等权益类资产占比较少的基金长期投资收益率也往往不高。再次，确定参考投资基准。投资的参考基准不仅是投资活动的参照指标，也是检验主动投资成果的重要标准。目前我国养老基金尚未设置相应的量化基准，是导致投资活动的短期化特征的重要原因。在没有基准的条件下，外部投资管理人只能通过追求绝对收益数据来完成既定目标，在股票市场中出现过多追涨杀跌的短期操作，不符合全国社保基金作为机构投资者稳定资本市场的功能。因此，NSSF 可以参考国际成功经验，通过战略资产配置设置大类资产比例，再根据各大类资产选取国际公认市场指数作为基准的测算标准。

8.3.2 提高海外投资比例

自 20 世纪 90 年代以来，养老基金的国际化运营趋势越来越明显。从图8-2可以看出，国外主权养老基金将绝大部分资产投资于海外市场，挪威 GPFG、智利 PRF 甚至将全部资产配置于国外。新西兰 NZSF 为 86.1%，澳大利亚 FF 利用外部管理人进行境外配置的资产为 78.0%。五个国外基金中比例最低的法国 FRR 的境外投资也占到 74.3%，若除开为满足每年负债要求而持有的约占基金资产 17.0%左右的法国财政部发行的可替代债券（OAT），其境外投资比例也接近 90.0%。

① 张元萍，王力平．我国建立"外汇储备型"主权养老基金的构想：基于三重比较的定位分析[J]．经济体制改革，2014（4）：149.

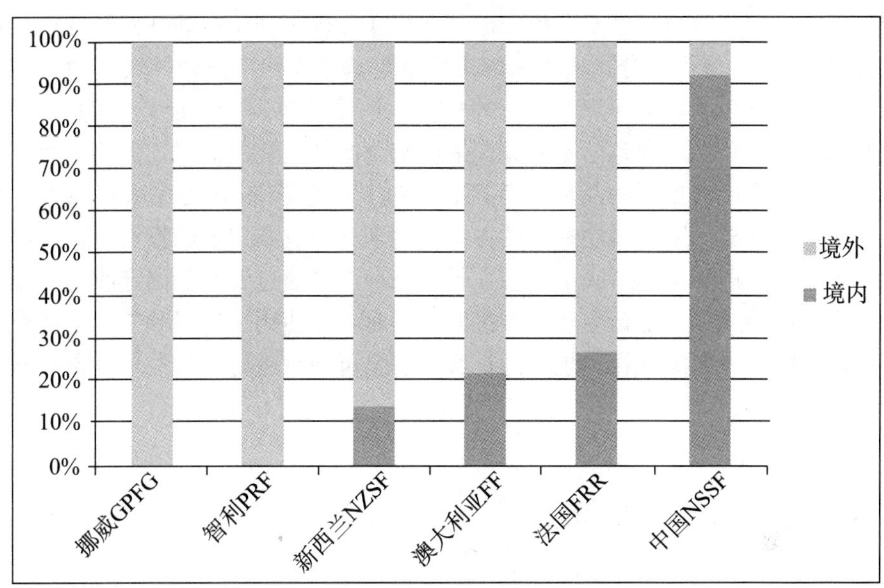

图 8-2　各主权养老基金境内境外投资比例

资料来源：各主权养老基金年度报告，笔者整理①。

一方面主权养老基金规模庞大，而本国金融市场往往难以吸纳如此巨大的资金规模。将大规模资金投资于国内容易对国内市场制度带来负面冲击，容易造成“与民争利”的现象，往往陷入市场投资者与监管者之间的利益冲突。加大海外市场投资比例则可以更加充分地利用全球市场的各种资源获取更高的收益；同时，增加海外投资比例还可以更为充分地分散投资风险、弥补本国投资市场的不足，利用他国的有效市场来扬长避短②。

全国社会保障基金于 2004 年首次尝试利用部分国有股减持的收入进行境外资本市场投资。2006 年出台的《全国社保基金境外投资管理暂行规定》明确了基金境外投资的资产类别和最高比例限制。目前，全国社保基金理事会共通过 32 家境外投资管理人，分别对自然资源类产品、全球不动产、新兴市场本币债等资产类别进行投资运营。尽管从开展境外投资业务至今已经过去十几年，但目前的海外投资比例仍较低，仅占基金资产的 7.5％③。过低的境外投

① 中国全国社保基金理事会在 2010 年后未公布境外投资资产比例，笔者引用数据为张盈华(2019) 论文中的数据。

② 金刚. 全国社会保障基金发展的问题与展望 [J]. 社会保障研究，2010 (5)：60-66.

③ 张盈华. 我国主权养老基金的发展、问题与建议：基于对资产配置的分析 [J]. 社会保障研究，2019 (2)：17.

资比例既不符合主权养老基金投资的基本规律，也不利于全国社保基金获取长期稳定回报[①]。绝大部分投资于国内市场也是基金收益率波动性较大的重要原因。逐步提高全国社会保障基金境外投资比例是顺应国际发展趋势的。首先，现有的境外投资管理规定已不能完全适应基金海外投资的需求，需要加快修订暂行办法，对境外投资的品种、范围、比例及风险控制方法等进行完善。其次，比例的增加可采取循序渐进的方式，逐渐增加成熟市场的投资份额，待积累一定经验后逐步考虑新兴市场。在投资品种上可通过先增加固定收益产品份额再逐步向股票和金融衍生产品等过渡，同时考虑使用一些对冲工具来消除汇率风险。随着未来海外投资规模的扩大，基金可同时进行自设机构投资与间接委托投资。

8.4 践行责任投资原则

社会责任投资是与基金“长期主义”相吻合的重要投资理念。实践社会责任投资已成为国际主权养老基金主流投资方式之一。这表现在：专注于ESG因素的投资份额不断提升，责任投资策略不断多样化，投资绩效也不断改善并逐渐优于传统投资[②]。同时随着基金责任投资的深化，基金的社会影响力也得到不断提升。目前，我国全国社会保障基金仅提出了责任投资的理念，但还没有明确的社会责任投资方面的指引和具体操作政策。在全国社保基金的重仓股名单中，也不乏矿业、煤炭、酒业等行业企业。践行社会责任投资不仅是基金内在属性的要求，也是为我国经济社会高质量发展贡献养老金力量的时代要求。因此，全国社保基金可重点关注如何进行责任投资以及采用什么样的责任投资策略来实现基金经济收益和社会价值的共同增长。基于第六章的分析，本书认为具体的社会责任投资策略可从以下几个方面展开。

8.4.1 制定筛选准则

全国社会保障基金采用直接投资与委托投资相结合的方式，近年来委托投

① 郑秉文. 养老金发展报告（2018）：主权养老基金的功能与发展［M］. 北京：经济管理出版社，2018：85.

② XENIA K. Sovereign wealth funds as socially responsible investors ［J］. International economic law，2016（12）：278.

资比例逐渐增大，2017 年委托投资比例为 58%[①]。为更好地约束内外部投资人的行为，一是可以建立一个消极排除准则。首先基于主权养老基金的道义和社会价值，针对外部经理人的选股行为建立行业筛选标准，排除对不可接受产品、服务或行业，如烟草、赌博、酒精等的投资。其次，科学设定基于企业发展阶段、供应链、环境、人权等情况的社会责任评价指标体系，并设置不可投资企业的排除标准。最后，通过积极的企业社会责任评估，向社会公布被基金排除的企业名单，不仅能够获得良好的社会声誉，也能起到良好的示范效应，从而督促其他企业关注自身的社会责任问题。二是建立积极的企业筛选制度。关注一些社会绩效表现较好的行业和企业发展，将与我国经济社会高质量发展密切相关的行业和企业纳入重点投资目标，通过设立建议指南引导外部基金投资管理人将投资重点放在上述领域。

8.4.2　实施 ESG 融合策略

长期主义认为，当环境、社会与治理因素被认为是驱动长期价值创造的重要因素时，自然而然的，他们就会融合到投资策略决策和实施的过程中[②]。新西兰 NZSF、澳大利亚 FF、法国 FRR 等主权养老基金都将 ESG 融合策略作为基金社会责任投资的重点领域。ESG 的整合要求基金将 ESG 纳入整个投资运营过程中进行考量，不仅包括战略资产配置阶段，也包括在风险管理、战术配置等方面。首先，建立 ESG 整合识别机制。通过全面分析当前我国和世界各国发展政策，找准宏观层面的责任投资机会。重点分析社会可接受的价值理念和偏好，同时密切关注监管政策的变化，挖掘具有潜力的社会责任投资行业[③]。利用评估工具评估 ESG 因素对单个企业行为的影响。其次，将 ESG 因素充分落实到投资决策之中，包括发布社会责任投资指南，建立企业 ESG 监测系统，定期评估所投资企业的 ESG 绩效，督促企业建立社会责任投资披露机制等。再次，根据外部发展环境的变化，定期调整 ESG 框架并对其进行重新整合。

---

① 张盈华. 我国主权养老基金的发展、问题与建议：基于对资产配置的分析 [J]. 社会保障研究，2019 (2)：16.

② 安集思. 养老金管理的未来：综合设计、治理与投资 [M]. 养老金管理翻译小组，译. 北京：中国发展出版社，2017：196.

③ 白璐. 养老基金社会责任投资策略研究 [D]. 成都：西南财经大学，2016：71.

8.4.3 积极参与企业治理

作为长期机构投资者，基金在进行投资决策时往往通过用手投票的方式代替用脚投票来减少投资波动并实现投资的可持续性。全国社会保障基金应积极参与所投资公司的治理，引导企业社会责任的实施。首先，实行代理投票策略。我国当前股票市场以散户为主，市场波动性较大，投票权行使意识薄弱。全国社会保障基金理事会可以利用自身的影响力，公布投票或代理投票的实施准则，通过直接投票或外部投资管理人代理投票等方式在股东大会上针对企业社会责任问题进行投票。其次，积极与公司董事会对话。目前全国社保基金已成为沪深两市中数百家上市公司的十大流通股股东[①]。作为股东，基金参与管理层对话具有较大影响力。基金可以通过会议、信件等形式积极与公司董事会沟通和接触，以参与公司治理。

① 翟一春. 我国养老保险基金投资问题研究 [D]. 上海：复旦大学，2008.

参考文献

一、中文文献

[1] 郑秉文. 养老金发展报告（2018）：主权养老基金的功能与发展［M］. 北京：经济管理出版社，2018.

[2] 安集思. 养老金管理的未来：综合设计、治理与投资［M］. 养老金管理翻译小组，译. 北京：中国发展出版社，2017.

[3] 邓小平. 邓小平文选：第3卷［M］. 北京：人民出版社，1993.

[4] 中共中央马克思恩格斯列宁斯大林著作编译局. 马克思恩格斯选集：第1卷［M］. 北京：人民出版社，1995.

[5] 中共中央马克思恩格斯列宁斯大林著作编译局. 马克思恩格斯选集：第4卷［M］. 北京：人民出版社，1995.

[6] 项怀诚. 养老储备基金管理：国际经验与中国实践［M］. 北京：中国财经出版社，2005.

[7] 郑秉文. 中国建立“主权养老基金”的急迫性及国际比较：应对“中国威胁论”与外汇储备二次分流的战略思考［J］. 国际经济评论，2008（2）：43—52.

[8] 肯尼思·华尔兹. 国际政治理论［M］. 信强，译. 上海：上海人民出版社，2017.

[9] 玛莎·芬尼莫尔. 国际社会中的国家利益［M］. 袁正清，译. 上海：上海人民出版社，2012.

[10] 贝弗里奇. 贝弗里奇报告：社会保险和相关服务［M］. 劳动和社会保障部社会保险研究所. 译. 北京：中国劳动社会保障出版社，2008.

[11] 白璐. 养老基金社会责任投资策略研究［D］. 成都：西南财经大学，2016.

[12] 彼得·德鲁克. 养老金革命［M］. 北京：机械工业出版社，2016.

[13] 齐传钧. 主权养老基金治理难题探析：基于剩余索取权人利益最大化的

视角［J］. 社会保障研究，2019（2）：21－29.
［14］陈志国. 公共养老储备基金投资管理模式国际比较与中国改革建议［J］. 中国经济问题，2010，（2）：49－56.
［15］曾益. 中国养老保险基金支付缺口及应对策略［M］. 北京：对外经济贸易大学出版社，2016.
［16］陈加旭. 中国养老基金投资行为研究［M］. 成都：西南财经大学出版社，2016.
［17］郑秉文. 全国社保基金投资理念与策略亟需重大调整［J］. 中国财政，2017，（19）：31－33.
［18］李珍，孙永勇，张昭华. 中国社会养老保险基金管理体制选择：以国际比较为基础［M］. 北京：人民出版社，2005.
［19］翟一春. 我国养老保险基金投资问题研究［D］. 上海：复旦大学，2008.
［20］张元萍，王力平. 我国建立“外汇储备型”主权养老基金的构想：基于三重比较的定位分析［J］. 经济体制改革，2014（4）：149.
［21］颜亭文. 全国社会保障基金投资监管问题研究［D］. 沈阳：沈阳师范大学，2016.
［22］林义，何沛. OECD国家公职人员差异化养老保险制度的经验［J］. 行政管理改革，2015（5）：29－33.
［23］陈加旭，张力. 养老基金投资中的行为异象及其制度规范［J］. 求索，2013，（6）：40－42＋224.
［24］龙婧，蔡明超. 主权财富基金绩效评估及影响因素实证分析［J］. 上海管理科学，2019，41（2）：103－109.
［25］张盈华. 我国主权养老基金的发展、问题与建议：基于对资产配置的分析［J］. 社会保障研究，2019（2）：13—20.
［26］陈庆春. 全国社会保障基金入市风险的法律控制制度研究［D］. 合肥：安徽大学，2017.
［27］郑秉文. 全国社会保障基金理事会管理体制的转型与突破：写在基本养老基金投资进入市场之际［J］. 辽宁大学学报（哲学社会科学版），2017，45（3）：1－25.
［28］刘健. 全国社会保障基金投资困境和对策分析［J］. 石家庄学院学报，2018，20（4）：136.
［29］滋维·博迪，亚历克思·凯恩，艾伦J马库斯. 投资学［M］. 7版. 陈

收，杨艳，译. 北京：机械工业出版社，2009：528－529.

[30] 大卫·斯文森. 机构投资的创新之路 [M]. 张磊，译. 北京：中国人民大学出版社，2010：245.

[31] 刘盛. 俄罗斯主权财富基金：投资策略及其在应对金融危机中的角色 [D]. 上海：复旦大学，2014.

[32] 房连泉. 建立国家主权养老基金：来自智利的经验启示 [J]. 拉丁美洲研究，2008 (5)：51－55.

[33] 王文灵. 公共养老储备基金融资政策研究：国际经验及其启示 [J]. 经济管理，2007 (24)：62－66.

[34] 高铮. 主权养老基金的国际经验及启示 [J]. 中国财政，2014 (17)：68－70.

[35] 林义，张维龙. 爱尔兰国民养老储备基金的经验 [J]. 投资研究，2008 (5)：114.

[36] 王丽丽. 公共养老储备基金投资管理策略：国际比较与中国启示 [D]. 成都：西南财经大学，2009.

[37] 唐艳，陈志国. 公共养老储备基金资产配置比较研究与启示：基于挪威、法国、爱尔兰、新西兰四国公共养老储备基金比较分析 [J]. 社会保障研究，2014 (3)：105－112.

[38] 迈克尔·茨威彻. 养老金投资组合 [M]. 兴全基金管理有限公司，译. 北京：中信出版社，2019.

[39] 刘子兰. 中爱两国国家养老储备基金管理制度比较研究 [J]. 中国人口科学，2005 (4)：32－39+95.

[40] 唐俊. 金融危机中的主权养老基金：困境与抉择——南非“政府雇员养老基金”的经验、启示与借鉴 [J]. 江西财经大学学报，2010 (1)：59－65.

[41] 熊军. 养老基金投资管理 [M]. 北京：经济科学出版社，2014：38－105.

[42] 周志凯，孙守纪. 综合投资理论视角下公共养老储备基金投资管理的国际比较 [J]. 江西财经大学学报，2013 (2)：54－62.

[43] 章晓英，庄桃李. 爱尔兰国家养老储备基金制度及其启示 [J]. 重庆理工大学学报 (社会科学版)，2014，28 (3)：32－36.

[44] 高洁. 主权财富基金论 [M]. 北京：中国金融出版社，2010.

[45] 叶楠. 新常态下主权财富基金的投资战略研究 [M]. 武汉：武汉大学出

版社，2015.
[46] 刘旋. 主权财富基金的驱动因素研究 [D]. 上海：复旦大学，2014.
[47] 吕玉婵. 主权财富基金投资收益影响因素分析 [D]. 南宁：广西大学，2017.
[48] 戴利研，杨孟霞. 俄罗斯主权财富基金：投资与社会绩效评价 [J]. 俄罗斯东欧中亚研究，2018 (4)：91−107+157−158.
[49] 刘薇. 中国共产党的国家利益观及其实践研究 [D]. 长春：吉林大学，2014.
[50] 石彩霞，宋效峰. 习近平新时代国家利益思想研究 [J]. 重庆科技学院学报（社会科学版），2018 (2)：1−4.
[51] 张冬. 主权财富基金的政治经济分析 [D]. 北京：中央民族大学，2013.
[52] 张力，李天德. 不同市场状态下养老基金投资的羊群效应测度 [J]. 统计与决策，2021，37 (05)：152−156
[53] 胡婷婷. 中国主权财富基金对外直接投资战略研究 [D]. 泉州：华侨大学，2014：6−8.
[54] 廖山鑫. 主权财富基金运营研究 [D]. 广州：暨南大学，2011：17−19.
[55] 熊军，季宇. 重视养老基金治理的基础性作用 [J]. 中国金融，2013 (18)：54−56.
[56] 金刚. 全国社会保障基金发展的问题与展望 [J]. 社会保障研究，2010 (5)：60−66.
[57] 姜正军. 马克思主义国家观之辩护与澄明 [J]. 河南大学学报（社会科学版），2011，51 (4)：27−31.
[58] 谢圣远. 社会保障发展史 [M]. 北京：经济管理出版社，2007.
[59] 高铁梅. 计量经济分析方法与建模 [M]. 2 版. 北京：清华大学出版社，2009.
[60] 郭昆. 全球主权财富基金现状及未来发展趋势 [D]. 北京：对外经济贸易大学，2015.
[61] 张力，李天德. 养老基金投资对金融结构影响的动态效应 [J]. 统计与决策，2021，37 (12)：157−160.
[62] 岳公正，陆云燕. 法国社会养老保险基金发展历史分析 [J]. 经济研究导刊，2016 (23)：81.

[63] 唐艳. 法国养老储备基金资产配置研究及对我国的启示 [J]. 金融与经济, 2014 (3): 71.
[64] 游春. 圣地亚哥原则及其对我国主权财富基金发展的启示 [J]. 武汉金融, 2009 (5): 33-35.
[65] 于环. 新西兰超级年金:“一枝独秀”的养老保障模式 [J]. 中国财政, 2016 (2): 71-73.
[66] 高际香. 俄罗斯民生制度: 重构与完善 [M]. 北京: 社会科学文献出版社, 2014.
[67] 戴利研. 资源型主权财富基金运营模式研究: 以挪威和俄罗斯主权财富基金为例 [J]. 世界经济与政治论坛, 2012 (6): 35-44.
[68] 林义. 社会保险基金管理 [M]. 3 版. 北京: 中国劳动社会保障出版社, 2015.
[69] 陈加旭, 张力. 行为因素对养老基金投资组合选择的影响分析 [J]. 统计与决策, 2013 (11): 110-112.
[70] 凌成. 主权财富基金监管法律规制问题研究 [D]. 苏州: 苏州大学, 2014.
[71] 吕玉婵. 主权财富基金投资收益影响因素实证分析 [D]. 南宁: 广西大学, 2017.
[72] 吕志勇, 李茹兰. 中国社保养老基金投资风险管理 [M]. 北京: 经济科学出版社, 2013.
[73] 毛黎明. 中国证券投资基金治理效率实证研究 [D]. 长沙: 中南大学, 2010.
[74] 钱学宁. 主权财富基金现象研究 [D]. 北京: 中国社会科学院研究生院, 2011.
[75] 钱珍. 养老保险个人账户基金收益保证成本评估 [M]. 北京: 知识产权出版社, 2013.
[76] 秦龙. 中国债券市场微观结构研究 [D]. 北京: 中国社会科学院, 2018.
[77] 万松. 主权财富基金立法研究 [D]. 武汉: 华中科技大学, 2009.
[78] 王艳. 主权财富基金与中国实践 [D]. 成都: 西南财经大学, 2011.
[79] 严荣. 自主的悖论: 主权财富基金的国际政治经济分析 [M]. 北京: 人民出版社, 2010.
[80] 杨力. 中东地区主权财富基金研究报告 [M]. 上海: 上海人民出版

社，2015.

[81] 张海亮. 中国主权财富基金对外投资战略研究 [M]. 北京：中国社会科学出版社，2016.

[82] 张瑾. 国际金融监管法制化研究：以主权财富基金国际监管制度为视角 [M]. 上海：上海人民出版社，2014.

[83] 张越. 基于经济周期的社保基金资产配置模型研究 [D]. 长春：吉林大学，2010.

[84] 郑秉文，赵宏. 中国基本养老保险基金投资管理改革 [M]. 北京：中国劳动社会保障出版社，2014.

[85] 郑秉文，张峰. 中国基本养老保险个人账户基金研究报告 [M]. 北京：中国劳动社会保障出版社，2012.

[86] 刘薇. 中国共产党的国家利益观及其实践研究 [D]. 长春：吉林大学，2014.

[87] 郑秉文. 养老金改革的十个建议 [N]. 中国老年报，2020-11-25 (4).

[88] 郑秉文. 主权养老基金的比较分析与发展趋势——中国建立外汇型主权养老基金的窗口期 [J]. 国际经济评论，2019，(3)：9-30+4.

[89] 张力，陈加旭. 集团企业最优保险模型及应用 [J]. 统计与决策，2013，(7)：87-89.

[90] 牟瑾瑾. 我国主权养老基金投资风险与绩效评估 [J]. 2021 (1)：27-28.

二、外文文献

[1] GORDON L C，ASHBY H B M. The Norwegian government pension fund：ethics over efficiency [J]. Rotman international journal of pension management，2010，3 (1)：14-19.

[2] CHARLIE B，ANNE L. A model of the French pension reserve fund：what could be the optimal contribution path rate? [J]. Journal of pension economics and finance，2007，6 (3)：233-250.

[3] ZVI B，MARIE B. Optimal asset allocation for sovereign wealth funds：theory and practice [J]. Bankers，markets and investors，2014，128：49-54.

[4] HILDE W N. Investor responsibility and Norway’s government pension fund-global [J]. Nordic journal of applied ethics，2011，5 (1)：79-96.

[5] DAVID I, RENATO S. Allocating risk capital: the case of New Zealand superannuation fund [J]. Rotman international journal of pension management, 2013, 6 (2): 66—74.

[6] STELLA T. On the relationship between resource funds, governance and institutions: evidence from quantile regression analysis [J]. Resources policy, 2015, 44 (3): 94—115.

[7] GORDON L C, ROGER U. Best—practice pension fund governance [J]. Asset management, 2008, 9 (1): 2—21.

[8] MANUEL A, CHRISTIAN E. Is governance related to investment performance and asset allocation? Empirical evidence from Swiss pension funds [J]. Swiss society of economics and statistics, 2017, 153 (3): 293—339.

[9] TRUDE M. The Norwegian government pension fund: moving forward on responsible investing and governance [J]. Rotman international journal of pension management, 2010, 3 (1): 145—149.

[10] ANDREAS H, LISA S. On the price of morals in markets: an empirical study of the Swedish AP—funds and the Norwegian government pension fund [J]. Journal of business ethics, 2016, 151 (3): 665—692.

[11] MANSI J, GAGAN D S, MRINALINI S. Can sustainable investment yield better financial returns: a comparative study of ESG Indices and MSCI Indices [J]. Risks, 2019, 7 (1): 1—18.

[12] MAGNUS D, BERNT A O. A review ofNorges bank's active management of the government pension fund global [J]. Swedish house of finance research paper, 2018 (18): 7.

[13] MARC G, NOEL O, GEOFFREY W, et al. Sovereign wealth funds, productivity and people: the impact of Norwegian government pension fund—global investments in the United Kingdom [J]. Human resource management journal, 2018, 28 (2): 288—303.

[14] CHOVANCOVA B, HUDCOVSKY J, KOTASKOVA A. The impact of stocks and bonds on pension fund performance [J]. Journal of competitiveness, 2019, 11 (2), 22—35.

[15] HOLZMANN R, HINZ R P. Old—age income support in the 21st century: an international perspective on pension systems and reform

[M]. Washington D C：World Bank Publications，2005.

[16] SAMUELSON P A. The pure theory of public expenditure [J]. Review of economic and statistics，1954，36 (4)：387−389.

[17] Dominic B，Mark W. Focusing capital on the long−term [J]. Harvard business review，2014 (2)：38.

[18] PACOLET J. Belgium：the end of the public pension reserve "Silver Fund" [J]. ESPN flash report，2016 (55)：3.

[19] PACOLET J，COUDRON V. Situation de l'état−providence en Belgique en 2005 [J]，Revue belge de sécurité sociale，2006 (4)：49.

[20] DAVIS S，LUKOMNIK J，WATSON D P. The new capitalists：how citizen investors are reshaping the corporate agenda [J]. Journal of pension economics and finance，2005，7 (3)：357−358.

[21] RICHARDSON B. Fiduciary law and responsible investing [M]. London：Routledge，2015.

[22] SETHI S P. Investing in socially responsible companies is a must for public pension funds—because there is no better alternative [J]. Journal of business ethics，2005，56 (2)：99−129.

[23] XENIA K. Sovereign wealth funds as socially responsible investors [J]. International economic law，2016 (12)：278.

[24] GUNNAR F，TIMO B，ALEXANDER B. ESG and financial performance：aggregated evidence from more than 2000 empirical studies [J]. Journal of sustainable finance & investment，2015，5 (4)：210−223.

[25] WILLIAM F S. Mutual fund performance [J]. The journal of business，1966，39 (1)：119−138.